现代大学之
柏林大学

王子安◎主编

汕头大学出版社

图书在版编目（CIP）数据

现代大学之母——柏林大学 / 王子安主编. -- 汕头：汕头大学出版社，2012.4（2024.1重印）
ISBN 978-7-5658-0708-4

Ⅰ.①现… Ⅱ.①王… Ⅲ.①柏林大学－概况 Ⅳ.①G649.516.8

中国版本图书馆CIP数据核字（2012）第066401号

现代大学之母——柏林大学

主　　编：王子安
责任编辑：胡开祥
责任技编：黄东生
封面设计：君阅天下
出版发行：汕头大学出版社
广东省汕头市汕头大学内　邮编：515063
电　　话：0754-82904613
印　　刷：河北浩润印刷有限公司
开　　本：710mm×1000mm　1/16
印　　张：11
字　　数：80千字
版　　次：2012年4月第1版
印　　次：2024年1月第2次印刷
定　　价：50.00元

ISBN 978-7-5658-0708-4

版权所有，翻版必究
如发现印装质量问题，请与承印厂联系退换

目 录

探寻历史

现代大学之母 ………………………………………… 3
学校创始人洪堡 ……………………………………… 7
洪堡奖学金 …………………………………………… 13
首任校长费希特 ……………………………………… 17
"三月革命"中的先锋 ………………………………… 23
"第一帝国大学" ……………………………………… 27

思想的摇篮

黑格尔和他的古典哲学 ……………………………… 37
古典哲学家费尔巴哈 ………………………………… 43
马克思主义的创立 …………………………………… 48
革命导师恩格斯 ……………………………………… 58
唯意志论的创立者叔本华 …………………………… 67

科技精英

铀裂变的发现者哈恩 ………………………………… 75

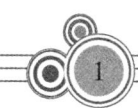

核酸的开拓者科塞尔 …………………………… 82
献身科学的天才瓦尔堡 ………………………… 87
诺贝尔化学奖"第一人"范特霍夫 ……………… 92
人体代谢规律的提出者李普曼 ………………… 98
年轻奇才阿道夫 ………………………………… 107
海王星的发现者伽勒 …………………………… 109
大陆漂移的发现 ………………………………… 113
人类航天的开创 ………………………………… 117
计算机之父 ……………………………………… 123

政治伟人

德国统一英雄 …………………………………… 131

百家争鸣

浪漫主义诗人海涅 ……………………………… 139
经济学领域的骄子里昂惕夫 …………………… 148

华人风采

"金博士"的两弹一星 …………………………… 157
人造卫星升空 …………………………………… 164
融贯中西的美学大师宗白华 …………………… 170

探寻历史

现代大学之母

柏林大学，是"现代大学之母"，是近代大学的典范。教学与科研双轨并重的教育思想于建校之初就在这里得到贯彻。德国近代史上的许多名人都曾在此担任过教授。进入20世纪，该校更是风云际会，先后有20多位科学家在任教期间，获得诺贝尔奖。

所以有人说，"没有柏林大学就没有光辉灿烂的德意志文明"，它

柏林大学

是令人神往的知识圣地，是多少学人魂牵梦绕的地方。

1806年，普鲁士在普法战争中惨败，德国著名的哈雷大学被拿破仑占领。普王威廉三世提出"要以精神力量弥补躯体的损失"。1809年3月，19世纪初重要的改革派代表人物H.弗里德里希·卡尔·施泰因男爵任普鲁士首相，他在内政部增设文化教育司，并将正在罗马任普鲁士外交代表的政治家型学者威廉·冯·洪堡召回国内担任该司司长，于是，大教育家威廉·冯·洪堡受命筹建柏林大学。

其实，柏林大学的创建过程经常被教育史家们简化了，以至于人们往往把它看作是洪堡一人精心设计的结果。事实上，洪堡为柏林大学所制定的

拿破仑

一系列制度并不完全是他的创造。更为重要的是，这些制度在哈勒大学、哥廷根大学等已经试行了几十年甚至上百年的时间。洪堡的贡献在于，把这些制度综合起来，并明确地作为大学教育的基本制度，由此创建了柏林大学这所新型的大学。

1810年10月，柏林大学正式开学。当时的皇家图书馆对该校师生开放。学校享受较大的自治权。柏林大学一开办，即体现了与传统大学不同的新风新貌，尊重自由的学术研究成为柏林大学的精神主旨，洪堡提出的"为科学而生活"成为柏林大学的新校风。

柏林大学创办之时，正值刚刚遭受战争创伤的普鲁士向法国支付巨

额战争赔款之时，但政府仍不吝资财和不惜血本，每年为新大学拨款15万塔勒，并把校址定在华丽的王子宫殿。国家寄希望于柏林大学能够报效国家，以弥补德国在普法战争中的物质创伤。应该说，柏林大学没有辜负国家的期望。

此后，以柏林大学为中心逐渐聚集起一大批人才，柏林也成为当时欧洲的文化中心。在威廉·冯·洪堡的弟弟亚历山大·冯·洪堡的努力下，学校开始注重对自然科学的研究，物理、化学、数学、医学等学科迅速发展。

1840年，柏林大学成为德国最大的高等学府，并以其教学、科研和课程设置而著称于世。1865年，化学系成立。1900年，由埃米尔·菲舍尔设计建造的化学楼投入使用。在这幢被称为"火柴盒"的大楼里孕育了好几位诺贝尔化学奖得主。

普法战争中的普鲁士胸甲骑兵

第二次世界大战期间，柏林大学同样遭到了破坏，一度令柏林的文学及政治奄奄一息。1946年1月29日，柏林大学重新开放。柏林大学逐渐成为一所真正向全社会开放的人民大学，为战后德国的重建培养了大批人才。而二战结束后，柏林一分为二，这所大学也分离为两所大学：东柏林这边为老校——柏林大学，西柏林则办起一所新大学，定名为柏林自由大学。

走进科学的殿堂

1949年，柏林大学改名为柏林洪堡大学，以纪念大学的创始人威廉·冯·洪堡。

1990年德国统一以后，洪堡大学迎来了新的发展机会，学校在调整科系设置、充实教学力量等方面下了大功夫。在德国科研联合会的一份报告中，柏林洪堡大学科研能力排名令人吃惊地攀升了20个位次，证明洪堡大学在不同寻常的转制过程中是成功的。

由于政府预算困难，两所"柏林大学"逐渐开始合作，比如在2003年，两所学校的医学院就合作为查里特伯林医学后。

从2000年开始，柏林洪堡大学开始成立拥有学士学位员及硕士学位，跨大西洋研究硕士、高分子硕士等。

目前，柏林洪堡大学共有11个学校及各个中心研究所、200多个专业或科系，包括了人文，社会，文氏，农业，医学，人类医学，自然科学等顷域的所有基础学科。19个专业设有理科硕士专业，59专业没有文科硕士专业。

学校创始人洪堡

威廉·冯·洪堡（1767年6月22日—1835年4月8日），德国近代著名的自由主义政治思想家、教育家、外交家、比较语言学家和语言哲学家，柏林洪堡大学的创始者。

威廉·冯·洪堡生于德国波兹坦，成长于柏林的泰格尔，1787年与之后成为著名科学家的弟弟亚历山大（1769—1859年）一起进入现今的奥德法兰克福欧洲大学，一年过后两人又一同转学至哥廷根大学，一直到1790年两人才分别展开自己的生涯。

从1809年2月起，洪堡从外交官调任为普鲁士王国内政部文化及教育司司长，掌管普

柏林大学校内的威廉·冯·洪堡塑像

鲁士所有的教育文化事务。在他短暂的任期内，洪堡重新改革了普鲁士引以为傲的义务教育制度，让所有阶层的子女都有相同的机会接受教育。而他另外一个更大的贡献，则是依照自己"研究教学合一"的理

念,于1809年创办了柏林大学。但事实上,柏林大学于1810年开学时,洪堡本人则已经离开文化及教育司,远赴维也纳担任普鲁士特使了。1819年,洪堡辞去公职,此后一直在泰格尔的老家致力于学术研

德国哥廷根大学

究,直到1835年辞世为止。

亚历山大·冯·洪堡,是威廉·冯·洪堡的弟弟,德国著名的博物学家、自然地理学家。作为近代地质学、气候学、地磁学和生态学的创始人,亚历山大·冯·洪堡享誉自然科学界,德国的"洪堡奖学金"就是以其名义设立的。

1787年,亚历山大·冯·洪堡考入法兰克福大学学习经济,此后又先后入柏林大学、格丁根大学、汉堡商业学院、弗莱堡矿业学院学习工厂管理、物理学、语言学、考古学、动物学、商学、植物学、矿物学和地质学。从学校出来后,他曾任弗朗科尼亚矿区的检查员和主任。

亚历山大自幼志趣广博，尤爱旅游。1790年至1797年间，他曾去过英国、奥地利、瑞典、意大利等地旅游和考察。1799年至1804年间，亚历山大远赴南北美洲进行长途旅游和科学考察。1807年至1827年，他旅居法国，在巴黎进行了长达20年之久的学术交流和研究工作。1827年5月，洪堡回到德国，开始筹划和构思自己一生中最后一部，也是最具学术价值的著作《宇宙》。其间，除应俄国政府邀请赴乌拉尔和西伯利亚进行短期考察外，他一直在柏林埋头于研究和写作，直到1859年逝世。《宇宙》一书汇集了亚历山大一生的研究成果，是他半个多世纪辛勤劳动的结晶。

根据洪堡的理念，现代的大学应该是"知识的总合"，教学与研究同时在大学内进行，而且提倡学术自由，大学完全以知识学术为最终目的，并非培养务实型人才。威廉·冯·洪堡主张学习自由，倡导自由的个性教育，强调人的个性的自我形成。他在柏林大学（又称洪堡大学）推行自己的主张，由学生自行选择学习的课程，教师和学校自行安排学习顺序和进度。

亚历山大·冯·洪堡

洪堡认为大学兼有双重任务，一是对科学的探求，一是个性与道德的修养。他说的科学指纯科学，即哲学。而修养是人作为社会人应具有的素质，是个性全面发展的结果，它与专门的能力和技艺无关。根据纯科学的要求，大学的基本组织原则有二：寂寞和自由。大学全部的外在组织即以这两点为依据。

走进科学的殿堂

大学的寂寞意味着不为政治、经济社会利益所左右，与之保持一定的距离，强调大学在管理和学术上的自主性。它包含三层含义：一、大学应独立于国家的政府管理系统，即"独立于一切国家的组织形式"；二、大学应独立于社会经济生活，科学的目的在于探索纯粹的学问和真理，而不在于满足实际的社会需要；三、寂寞是从事学问的重要条件，大学的教师和学生应甘于寂寞，不为任何俗务所干扰，完全潜心于科学探索与研究。

大学的自由包含两层意思：外部的自由和内部的自由。外部的自由是针对国家而言的，其注重大学的权利与国家的职责。大学的研究应遵从科学的内在要求在自由的条件下进行，在此之前，不论欧洲或美国的大学，都还是沿袭修道院教育的传统，以培养教师、公职人员或规则为主，不太重视研究。

柏林大学将洪堡的理念传递至欧美各地，其办学思想在世界上广为借鉴，成为世界上很多大学仿效的对象。根据洪堡思想建立起来的柏林大学最初以当时普鲁士国王姓名而命名为腓特烈·威廉大学，大学的首任校长是德国著名哲学家费希特1818年，黑格尔继费希特之后出任哲学系主任，并在1830年出任校长。此后，以柏林大学为中心逐渐聚集起大批人才，在洪堡的弟弟、著名科学家亚历山大·冯·洪堡的努力下，学

黑格尔

校开始注重对自然科学的研究，自然学科迅速发展。

威廉·冯·洪堡最有名的著作就是《论国家的作用》，这本书的原文书名为《尝试界定国家作用之界限的若干想法》，或译为《试论国家作用范围之界定》，写作于1792年。威廉·冯·洪堡在青年时代既受到启蒙运动的影响，但又与在魏玛的其他追随启蒙运动的朋友们不同，他系统地研究了如何建立社会和国家的问题，以及如何在现实中确定和划分个人与国家的关系。他更倾向于康德的思想，更着重于研究古希腊。1791年他在致弗里德里希·冯·根茨（1764—1832年）的一封信里就谈到1789年法国革命后的法国宪法，这封信以《由法国新宪法所想到的关于国家宪法的若干设想》为题，发表于1792年的《柏林月刊》上。他在信中抨击冯·达尔贝格（1744—1812年）关于"政府必须关心民族的物质的和道德的幸福和福利的原则"，认为这种原则是"最胆怯的和最咄咄逼人的专制主义"。冯·达尔贝格是美因兹的王公，主张开明专制。实际上，这封信表明了洪堡谴责当时普鲁士和奥地利的开明专制的基本态度。可以说，这是写作《论国家的作用》的前奏。

威廉·冯·洪堡——《论国家的作用》译本

由于当时书刊检查严厉，《论国家的作用》从未全文发表过，只发表了少数章节。在席勒主持的《塔利亚》（1792年第5期）发表过《国家许可在多大程度上关怀公民福利？》，在《柏林月刊》上刊印过《关于国家关心抵御外侮、维护安全的责任》（1792 年 10 月）和《关于通过国家机构改善社会习俗》（1792 年 11 月）。1851 年，即文章面世后 60 年和作者逝世后 16 年，这部著作才得以全文出版。

1848—1849 年德国资产阶级革命失败后，自由主义的国家思想陷入困境，被迫处于守势，人们需要从自由主义的立场来论述国家的著作。于是，洪堡青年时代的著作被全文发表，被看作是德国自由主义的《大宪章》而大肆宣扬。从那以后，《论国家的作用》就一版再版，尤其在德国的专制极权国家制度失败之后，如 1918 年威廉帝国崩溃之后和 1945 年希特勒的第三帝国覆亡之后，人们更是不忘重新刊印洪堡的这部论著。

《论国家的作用》不失为 18 世纪末德国启蒙运动向普鲁士专制制度发出的一份挑战檄文，它在德国的政治思想史上具有不可忽视的历史意义，对我们了解近代德国政治思想史乃至德国自由主义的发展至今仍然具有认识价值。

洪堡奖学金

亚历山大·冯·洪堡是一位杰出的自然科学家和社会活动家，他在具体学科领域内没有很引人注目的成就。但是，他对揭示自然科学现象和社会科学现象在多方面的统一性作出了很大的贡献，这在他的著作《宇宙》一书中就充分体现了出来。

1859年，亚历山大·冯·洪堡逝世，德国普鲁士科学院为纪念他，于1860年创建了亚历山大·冯·洪堡基金会。著名的洪堡奖学金是德国高等级奖学金，由洪堡基金会设立，已有100多年的历史。

洪堡基金会每年向全世界各国大约500名在各个科学技术领域成绩优秀、具有博士学位、年龄不超过40岁的外国科学家提供研究奖学金，支持他们在德国从事为期6至12个月，甚至更长，但总期限不超过24个月的科学研究工作。中央评审委员会由100名各学科的德国著名科学家组成，在德国研究联合会主席的主持下负责对申请者进行选拔。

洪堡基金研究奖学金数额，按学者的年龄和学术水平，平均每月在3000至3800马克（免税）之间。此外，基金会还负担旅费、配偶和孩子补贴、参加学术会议补助费等。

基金会创立之初，经费来源主要靠私人捐款和英国皇家学会以及圣彼得堡科学院的资助。1923年，第一次世界大战后，德国经济不景气，出现了严重的通货膨胀，基金会停止了活动。1925年，基金会得到重建，主要支持外国科学家和博士研究生去德国研究、停留或进修。但是，随着第三帝国的崩溃，基金会于1945年再次停止活动。在前洪堡奖学金学者的积极倡议下，洪堡基金会，重建。目前，该基金会的总部设在德国波恩，是一个具有民法地位的注册基金会。

现在，洪堡基金会经费主要由德国政府资助，通过联邦外交部的文化经费中专项拨给。此外，联邦研究技术与教育部、联邦经济合作部也分别为基金会提供专项资助项目。1994年起，德国州政府也开始向洪堡基金会提供经费，并支持在原东德地区设立的国际交流中心。从1954年到1996年，洪堡基金会的经费总收入为14亿马克，其中联邦政府资助额为90%（约12.8亿马克），州政府资助5%（约6.9千万马克），其余私人捐款占5%（约7.5千万马克）。1997年度，洪堡基金会的经费为1.68亿马克。

早期油画中的英国皇家学会

洪堡基金会的主要任务是：促进科学家之间交流，开展国际间科学合作。基金会将根据申请，为优秀外国科学家提供研究奖学金和研究奖金，使他们在德国的科研单位或大学机构完成其研究课题，同时与他们保持由此形成的科学联系。奖学金的颁发，不受专业和国籍的限制，也不受性别、种族、世界观和宗教信仰的限制，唯一的条件就是申请者是否具有突出的科学水平和能力。

从 1953 年至 1996 年，洪堡基金会已经向来自 125 个不同国家的 15117 名博士后科学家提供了研究奖学金。从专业划分来看，每年的专业领域均有不同。但从这 15117 名奖学金学者的专业上分析，其中自然科学占 62%，工程科学占 10%，人文科学占 28%。

德国波恩大学一景

除了向外国优秀科学家颁发洪堡研究奖学金外，洪堡基金会还为他们设立了研究奖金，以表彰他们在学科领域内作出的突出贡献。奖金金额为 2 万至 15 万马克。这项奖金主要是为了纪念美国的米歇尔援助计划而设立的，因此其主要受益人为来自美国的科学家。自 1972 年设立这项奖金以来，已有 2200 余名学者荣获这项洪堡研究奖金。这项奖金的颁发，不是由申请者提出申请，而是由德国科学家正式向评审委员会提名。

洪堡基金会与德国马普学会还共同设有马克斯·普朗克研究奖，专门为德国和外国特别优秀的科学家颁发此项奖。奖金金额为25万马克。每年约有12名（德国和外国各6名）杰出科学家能够荣获此项殊荣。

从1979年起，为了支持德国青年科学家去国外进行学术交流与合作，洪堡基金会开始设立吕南奖学金。每年约有150名年龄在38岁以下并获得博士学位的德国科学家可以得到这项奖学金，然后去德国以外的科研机构从事为期1至4年的科学研究工作。但这些科研机构必须是前洪堡奖学金学者现在工作的单位，也就是说，前洪堡奖学金学者就是他（她）的接待人。洪堡基金会一般为每个吕南奖学金者提供每月2690马克的基本生活费，另加国外补助费（根据不同国家规定）、旅费、婚姻补助费、医疗保险、返乡安置费等。但国外接待单位也要承担一定义务。

首任校长费希特

约翰·哥特利普·费希特（1762—1814年），德国大哲学家，柏林大学首任校长。

1762年5月19日，费希特出生在德国上劳齐茨（Oberlaositz）的一个名叫拉梅瑙（Rammenao）的乡村。其父是一个手工业者，一共有9个子女，费希特在众兄弟姊妹中居长。贫寒的家境，再加上家中人口多，费希特从小就为家里牧鹅，以维持生计。

费希特最初接受的教育是在父亲和家乡的教堂里，最先接触的书籍是圣经和教义解答。他天资聪颖，牧师和村里人都知道，他在听牧师布道以后第二天还能够准确地背诵布道的内容。

据说在他9岁时，一个星期天的中午，一位贵族米尔提茨来到村里，为自己错过了布道的时间而生气。这时人们安慰他说，有个叫费希特的牧鹅童能够一字不差地重复布道的内容。果然，小费希特完全模仿牧师的语气、姿势，一字不漏地将布道的内容重复了一遍。米尔提茨非

约翰·哥特利普·费希特

走进科学的殿堂

常高兴，决定出钱培养他，让他接受学校教育。

从1770年开始，费希特先后在尼得劳（Niederao）和迈森（Meissen）上学。1774年，12岁的费希特进入普佛尔塔（Pforta）贵族学校。这个学校是大学的预备科，学校里的生活如同修道院一般，而费希特出身低贱，常常受到纨绔子弟的欺辱。他决定逃跑，去过鲁滨孙式的生活。在半路上，他想起父母的期望，想起自己的经济状况，又不得不放弃逃跑。回到学校后，他向校长坦率地说明自己的想法，得到校长的原谅，处境也得到一些改善。

1780年，费希特中学毕业以后，进入耶拿大学学习神学和法学。此外，他还经常去听古典文学课。可能是希望早点取得文凭，他在第二年转学到莱比锡大学，继续学习神学。

探寻历史

莱比锡大学校园一景

1784年，由于其资金赞助人米尔提茨去世，助学金断绝，费希特

的生活陷入困境。为了生活，他不得不为私人补课。收入低，又没有保障，使他不可能完成学业。这样，他实际上就此从大学辍学了，只是个挂名学生而已。

1788年，走投无路的费希特决定弃学回家。恰好在此时，诗人、《儿童之友》杂志的编辑魏瑟（C. F. Weisse）推荐他到苏黎世一个家庭当教师。从此，费希特进入了当家庭教师的时期。在苏黎世上任不久，他发现在如何教育孩子问题上与这家主人有矛盾。他一面教育孩子，一面观察记录主人在教育孩子时的错误，每周拿出来请主人看，让主人改正。他因此写出《错误教育目睹记》，受到主人的敬重。他在苏黎世结识了许多朋友，其中就有后来成为他妻子的玛丽·约翰娜（Marie Johanna）。玛丽是车辆制造商的女儿，虽说玛丽并不是费希特最理想的恋人，但她认可和欣赏费希特。果然玛丽后来对他的事业帮助很大。

德国莱比锡大学

走进科学的殿堂

无论是在苏黎世、莱比锡，还是在华沙，由于他激情叛逆的性格，费希特做家教的时间都不长。但是他在给学生做家教的过程中，接触到了康德哲学，并深深为之吸引。

1791年的夏天，费希特前往哥尼斯贝格拜谒康德。此时，费希特认为自己已经彻底掌握了康德思想，便花了4个礼拜写成《对一切启示的批判》，呈现给康德。康德发现文章表述的正是自己的看法，而且文笔流畅也正是他自己所缺少的。在康德的推荐下，这部以康德道德哲学为原则批判天启宗教的著作出版了。由于当时没有署名，因而最初被误认为是期待已久的康德本人的宗教哲学批判。经康德澄清真相后，费希特声名鹊起，被人们看作康德的继承人。

但是费希特很快就发现，康德哲学中有他无法理解的地方。比如说关于"物自体"，康德认为它一定存在，但我们没法认识，而费希特却说我们既然不能认识，那怎么敢断定它一定存在呢？费希特进一步发挥说，世界上根本没有外在于"自我"的那些"物自体"，所有的东西都是我们的"自我"设定出来的。只有"自我"才是实存的，才是完全自由的。

1794年至1799年，费希特在耶拿大学任教。在此期间，他建立和完善了自己的哲学体系，在康德之后略显平静的德国思想界"造成了一个革命"。由于激进的民主思想和开明的宗教态度，费希特遭到了敌对势力的攻击和迫害，终于酿成了1798年的"无神论事件"。当时，在费希特担任责任编辑的《哲学杂志》上

康　德

发表了一篇宗教怀疑论的文章，虽然费希特并不赞同作者的观点，但是他坚持出版自由，发表了这篇文章，结果被反动势力利用，来攻击他是无神论者，迫使他不得不于1799年离开耶拿，前往柏林等地求职，他的哲学思想也随之进入了后期的发展阶段。拿破仑入侵德国期间，费希特勇敢无畏、热情激昂的爱国主义讲演为他赢得了全民族的赞誉。

费希特的一生及其思想是真诚的，并且充满了激情和使命感。尽管知识学存在着明显的变化，但自由原则始终是其思想的核心，只不过在后期的知识学中，自由的原则有了一个神圣的目标，而这个目标是通过自由原则实现的，因此在本质上是与自由原则相统一的。他所张扬的主体能动性，自由的、改造现实的精神，他为辩证法开辟积极的方向，不但为"狂飙突进"运动作了哲学上的论证，得到了浪漫派的回应，更催生出了谢林和黑格尔的哲学。遗憾的是，费希特后期的知识学并没有得到谢林与黑格尔的认真对待。由此产生的影响是，其思想的深刻与彻底性至今未能得到充分的认识。

1810年，柏林大学创建，费希特被任命为哲学系主任。

谢　林

翌年当选为首任校长。1814年，费希特夫人在救护伤病战士时感染恶性时疫，并传染给了费希特，最终夺去了这位哲学家的性命。

费希特生前发表的主要著作有：《略论知识学的特征》（1794年）、

走进科学的殿堂

《全部知识学的基础》（1794—1795年）、《以知识学为原则的自然法权基础》（1796年）、《知识学新说》（1797年）、《以知识学为原则的伦理学体系》（1798年）、《论人的使命》（1800年）、《论锁闭的商业国》（1800年）、《现时代的根本特点》（1804年）、《极乐生活指南》（1806年）、《对德意志民族的讲演》（1808年）等。

探寻历史

"三月革命"中的先锋

19世纪40年代,欧洲革命中心从法国移至德国,那时资产阶级革命在德意志已趋于成熟。法国革命的消息使德意志人民为之一振。在它的鼓舞下,资产阶级民主革命于1848年爆发了。

奥地利风光

这次革命行动最初是在毗邻法国的诸邦开始的,首先波及所有德意

走进科学的殿堂

志的中小各邦,接着于3月13日在德意志同盟两大成员国之一的奥地利,发生了市民、大学生和工人的起义,导致了梅特涅反动政府的垮台。这一胜利大大地推动了当时柏林的革命群众运动。早在3月6日,柏林就开始骚动;3月7日,在柏林动物园区举行了第一次较大的群众集会,参加集会的工人、学生、手工业者、作家和商人达4000多人。与会者强烈要求,一切公民不论其出身如何、财产多寡和宗教信仰,在政治上一律平等。他们公开地讨论政治问题,要求普鲁士国王取消一切等级特权,召集人民代表议会,赦免政治上被通缉和判罪的人,等等。

探寻历史

柏林"三月革命"

3月18日,柏林的革命群众与普鲁士亲王领导的军队之间发生了冲突,于是一场激烈的巷战开始了。柏林的工人、小市民和大学生在大街上到处建立路障、街垒。他们冲进了武器商店,自行装备了枪支弹药,进行了一次持续14小时的激烈战斗。在这次战斗中,武器简陋的人民对抗着有36门大炮支援的大约1.4万名装备精良的兵士。虽然武器不如政府兵士的精良,可是他们受到柏林各界广大居民的有力支持。居民们供应他们武器,妇女和孩子们帮助他们构筑工事,这给予装备很差的革命者以很大的力量。

经过激烈的战斗,普鲁士国王终于被迫把军队撤出了柏林。普鲁士亲王由于害怕群众,逃往英国。赤手空拳的人民取得了一次重大的胜利。这就是德国历史上有名的"三月革命"。

在"三月革命"中,柏林大学的学生们在古斯塔夫·阿道夫·施莱弗尔、约翰·格奥尔格·弗莱赫贝·冯·萨里斯－塞维斯和鲍尔·贝尔纳等革命同学的领导下，与工人和手工业者一起走上街头，积极参加了反抗普鲁士军事国家和封建专制主义制度的巷战，许多人献出了他们年轻宝贵的生命。教师当中值得称道的是物理学家阿道夫·埃尔曼和数学家卡尔·古斯塔夫·雅克布·雅克比，他们公开地站到左翼资产阶级的一方，支持革命。年轻的医生鲁道夫·魏尔科更为突出，他手持钢枪，直接参加了弗里德里希大街的巷战，为实现资产阶级民主革命的目标而战斗。

柏林大学的师生们一面直接参加战斗，一面以各种行动支持参加反封建斗争的革命志士。

3月20日，当波兰自由战士路德维希·米罗斯拉夫斯基和利贝特等从普鲁士监狱中释放出来的时候，学生们不顾一切地在校门前欢迎他们。

3月22日，柏林大学的师生们又积极地参加了为"三月革命"的牺牲者举行的葬礼。年近8旬的亚历山大·冯·洪堡和德国古典生理学的创始人、柏林大学校长约翰纳斯·米勒等许多教授也走在送葬的行列中。

"三月革命"的最后一个高潮，是有大约5万人参加的抗议普鲁士亲王复职的大游行。这是由激进的民主大学生发起的。游行学生排着整齐的队伍，喊着响亮的口号，穿过大街小巷，坚决反对普鲁士亲王重新领导军队。

在"三月革命"的过程中，作为民主组织的"政治俱乐部"（以后改为"民主俱乐部"）成立了。它和以前成立的"宪法俱乐部"一样，继续进行关于改革的讨论。普鲁士反动政府和新参政的资产阶级坚决反对这个俱乐部，他们对提出民主要求的教员和学生们动辄逮捕、驱逐，甚至于把批评国王也视为犯了滔天大罪。大学生摩涅克有一次说："如果我是国王，那么我会对自己说，我背叛了人民的事业，我的路线是极其可耻的。我就会罢免内阁，解散国民议会，并且放下王冠。"因为这句话，他不得不服两年半的苦役。

德国资产阶级依靠人民革命参加了政权以后，就开始阻止人民革命力量的继续发展，他们甚至不惜依靠曾经极力反对过的普鲁士军队来镇压人民革命力量。资产阶级的软弱和对于革命的背叛，长期以来对于柏林大学也是有影响的。师生们为民主事业所作出的努力曾经受到过严重的干扰。但是德意志人民，尤其是德意志工人阶级为实现德意志的民主政体而进行的不屈不挠的斗争，在柏林大学的师生中间却始终得到广泛的、积极的响应。因此，可以说柏林大学的师生们在1848年的资产阶级革命——"三月革命"中发挥过十分重要的先锋作用。

"第一帝国大学"

20世纪初,德国已发展到强盛的帝国主义阶段。因此,德国最负盛名的柏林大学也随之变成了"第一帝国大学"。

当柏林大学庆祝建校100周年的余兴未消的时候,帝国主义之间为了重新瓜分世界而进行的大战爆发了。德国是第一次世界大战的发动者,全国各方面几乎都卷入了战争,作为科学教育单位的柏林大学当然也不例外。它多年来所取得的科学成就并不能掩盖住大部分师生被军国主义和沙文主义罪恶思想所熏陶的事实。大战爆发后,很多学生表现出沙文主义思想,他们失去理智,在狂热的民族主义的口号声中拿起武器,投入了所谓保卫受威胁的祖国的战争中。许多教授成为帝国主义的代言人,心甘情愿地为它制定、解释和宣传帝国主义的政策。许多著名科学家签署了"93名科学家告文化界人士"的沙文主义的号召书。号召书颂扬德国军国主义,认为战争狂人的德皇是"世界和平的保护神",德国军队违犯国际法进军中立国比利时是正义行动。像为化学的发展作出过伟大贡献的物理化学家弗里茨·哈伯这样优秀的科学家,都热心地把自己的才智贡献给了德国帝国主义的战争事业。他曾参加普鲁士——德国总参谋部的工作,在毒气战争中起到过举足轻重的作用。

然而,即使在战争最艰苦的岁月里,柏林大学进步的政治传统也没

走进科学的殿堂

有完全丢掉。世界著名的大物理学家阿尔伯特·爱因斯坦、生理学家格奥尔格·弗里德里希·尼古莱、天文学家弗尔斯特等人一起，发表了一个与93人沙文主义的号召书针锋相对的告欧洲人民的反战宣言书。宣言书谴责帝国主义战争是一种野蛮的解决政治问题的手段，号召所有参战国的科学家自觉地担负起保卫人类文明的责任，利用自己的威望和影响，促使尽快结束这场对于各国人民灾难性的大屠杀。

爱因斯坦

这场世界大战给德国人民带来了深重的灾难，但也教育了德国的一部分知识分子，使柏林大学的一些教授认识到战争的危害，从而改变了过去的立场。比如，著名化学家、诺贝尔化学奖获得者埃米尔·费歇尔。他在第一次世界大战期间已是德国公认的化学权威。战争开始以后，他曾拥护战争，并参加签署93人告文化界的号召书。但当他亲眼看到战争给人民和科学事业带来的灾难时，转而反对战争。有一天，德国军需署的几名化学家去拜访他，恭维他说："我们根据您的有机化学应用原理，创建了好几座人造氮化物工厂，使军需上必不可少的原料得到充分的供应。现在我们又运用您的研究，制造了樟脑的代用品，改进了甘油的提炼法，这对战争的胜利有着巨大的功绩……"听到这里，费

歇尔二话没说，愤然离去，把这几位军需大员撂在客厅里。后来，他常常无限感慨地对学生们说："科学研究是为了发展人类文明，但在这个不能使竞争的手段免用于战争的人世间，一切发明、创造就难免被战争的挑拨者所利用。"弗里茨－哈伯教授也是93人号召书的签名人之一，他还参加过战时化学兵工厂的工作，曾利用氨的氧化生产了军需上不可缺少的硝酸，从而帮助了侵略战争，引起人们极大的不满。这使他内心十分痛苦，从此和战争一刀两断。哈伯教授后来回忆这段历史的时候说，他和许多与他同样的人都变成了德国帝国主义的驯服工具，真是幼稚到了极点。

1917年，伟大的十月社会主义革命胜利，人类历史进入了一个新纪元，进而使科学和教育事业能够最大限度地为人类造福。帝国主义的全面危机和十月社会主义革命的胜利，加深了德国国内的阶级矛盾，加速了两种力量的分化。德国无产阶级响应列宁关于起来反对帝国主义和军国主义的号召，于1918年发动了十一月革命，推翻了君主专制政体，争得了一些权利和自由。但其想在政治上和经济上彻底打垮德国帝国主义的目的，仍然未能实现。十一月革命最重要的成果是建立了一个

埃米尔·费歇尔

走进科学的殿堂

坚决反对帝国主义和军国主义的马列主义的革命党——德国共产党。

在柏林这座最大的帝国工业都市里，德国共产党在工人阶级和其他劳动人们中间的影响越来越大。1932年，德国共产党在国会选举中成为得票最多的政党。同时，它的活动对柏林大学学生们的影响也是明显的，学生们公开宣布拥护德共提出的实行共产主义大学的纲领，立志同民族主义、复仇主义和法西斯主义进行斗争。不久，便形成了一支比较广泛的民主学生阵线。在德共的倡议下，学生们成立了"红色大学生团"，其成员既有共产党员大学生，也有非共产党员大学生。这个组织人数不多，但却代表了一股重要的政治力量，他们是在柏林大学成长起来的新一代，他们拥护人道主义，提倡科学自由，主张全面解放。柏林大学反法西斯行动最引人注目的例子莫过于1931年5月1日革命的学生在教学大楼上升起红旗。鉴于这次行动，大学当局宣布了许多限制学生自由的规章制度，并且派法西斯别动队进校监视学生的行动。但这一切都阻挡不住学生们与校内外法西斯阴谋活动的斗争。他们挣脱法西斯的羁绊，于1933年1月5日，举行了声势浩大的纪念德共领导人卡尔·李卜克内西和罗莎·卢森堡遇害15周年活动。德国著名诗人埃里希·魏纳特、作曲家汉斯·艾斯勒、演员埃恩斯特·布施参加了纪念活动。

罗莎·卢森堡

1933年1月30日，德国垄断资本为了维持其政治，起用法西斯头

子希特勒担任德意志帝国总理。从此，德国历史上最黑暗的时代开始了。在这所举世瞩目的柏林大学里，人们也可以清楚地看到法西斯主义是如何把资本主义上升时期的巨大成就转向反面的。柏林大学人道主义的建校宗旨被彻底扼杀了，取而代之的是白色恐怖和种族歧视。如果说希特勒上台之初的几个星期里，法西斯在柏林大学的白色恐怖主要还是针对共产党员大学生的话，那么法西斯在1933年2月27日蓄意制造了国会纵火案之后，矛头就直接对准了那些有民主思想和非日耳曼族出身的著名学者。仅从1933年到1935年，就有230名科学家被赶出了柏林大学的校门。

与此同时，反法西斯的革命大学生和犹太族大学生统统被开除学籍，一个好端端的柏林大学被法西斯破坏殆尽，它的世界声誉随着著名科学家的出走而显得暗淡无光。就在这短短3年的时间里，柏林大学竟丧失了百余年来树立起来的世界科学中心的地位。

爱因斯坦

1933年5月10日，希特勒法西斯分子在皇家图书馆楼前的倍倍尔

走进科学的殿堂

广场把马克思、恩格斯、列宁的经典著作和海涅、爱因斯坦、高尔基、罗曼·罗兰、海因里希·曼、托马斯·曼等革命人道主义进步作家的著作"付之一炬",造成了历史上臭名远扬的焚书行动。希特勒的宣传部长戈培尔当时亲临现场,组织和指挥了这次焚书。据目击者说,"焚书时火光映红了半边天,被焚的书堆积如山"。现在,为了教育青年一代不忘法西斯的焚书罪行,每年5月10日都在这个广场上举行"书日"活动。

因1933年5月10日法西斯的焚书行动,从此,德国进入历史上最黑暗的时代。

探寻历史

法西斯分子焚书行动

此外,纳粹还妄图把柏林大学变成它培养法西斯"领导骨干"的基地。然而,它却未能完全消灭民主和人道主义的力量。即使在法西斯统治最野蛮、最黑暗的时刻,柏林大学的科学家和青年学生们也顶住了白色恐怖。1933年3月14日,正当法西斯的白色恐怖肆无忌惮地向全国发展,法西斯别动队包围柏林大学教学大楼的时候,大楼的礼堂里还

现代大学之母——柏林大学

在举行纪念卡尔·马克思逝世50周年的纪念活动。此外，学生们在1934年8月和11月，分别在大学图书馆的大阅览室、广播塔的展览馆和国家图书馆的环形大厅里，组织了3次散发反法西斯传单的行动。当许多师生因此遭到法西斯分子的盯梢和追捕的时候，马克斯·普朗克和马克斯·冯·劳厄两位教授以其显赫的社会地位，竭尽全力掩护被追捕的同事。第二次世界大战爆发前，像柏林大学的学生和教授们这样目的明确的、广泛的反法西斯英勇斗争，在德国的高等院校中是绝无仅有的。

高尔基

柏林大学的科学家和学生们坚定地依靠共产党领导的工人阶级，勇敢地参加到他们的队伍中间去，团结一致，共同战斗。柏林大学的学生和教师们参加了舒尔策—鲍依森/哈纳克反抗小组或其他反抗组织。反抗小组在德国共产党的领导下要求尽快结束法西斯掠夺战争，推翻希特勒政权，建设一个反帝的民主新德国。在斗争中，许多人献出了宝贵的生命。

探寻历史

走进科学的殿堂

　　为了纪念这些反法西斯的不屈战士，战后在柏林大学的后院修建了纪念碑，经常有人把白花或花束献给死难烈士，以示哀悼。

　　第二次世界大战以及法西斯主义的横行，不仅夺去了柏林大学许多优秀科学家和青年学生的生命，而且也使学校坚固的教学设施有三分之二以上遭到严重的破坏。由于战火，墙壁被射穿，实验室被烧毁，教室被炸塌，不得不关闭。

柏林大学图书馆

思 想 的 摇 篮

黑格尔和他的古典哲学

黑格尔（1770—1831年），德国古典哲学的代表之一，哲学发展史上第一个系统地阐述唯心主义辩证法的哲学家。

1770年8月27日，黑格尔出生于德国符腾堡公国首府斯图加特的一个绅士家庭，1780年就读于该城文科中学。1788年10月进入图宾根神学院学习哲学和神学，1793年毕业后，在瑞士伯尔尼一贵族家中担任家庭教师，直至1796年。1797年末至1800年在法兰克福任家庭教师。

1801年，30岁的黑格尔来到了当时德国哲学和文学的中心——耶拿，任教于耶拿大学，并做过报纸编辑。1805年获得副教授职位。1816年黑格尔到海德堡任哲学教授，开始享有盛誉。1818年普鲁士国王任命黑格尔为柏林大学教授。1822年，黑格尔被任命为大学评议会委员。1829年10月黑格尔被选为柏林大学校长并兼任政府代表。1831年11月14日因患霍乱病逝于柏林。

黑格尔

在黑格尔1788年进入图宾根神学院深造的几年里，受I.康德、

B·斯宾诺莎和卢梭等人的思想影响。在大学时期的生活和学习，引导他开始研究政治和宗教，并对现实进行批判。黑格尔崇尚卢梭，向往资产阶级的民主、自由，反对封建专制制度，是一名资产阶级共和派。维也纳会议后，黑格尔思想趋向保守，希望与封建势力妥协。他认为，人类历史是一个不断变化和不断完善的过程，从低级到高级，从不完善到完善。他还认为，在社会历史中，世界精神经历了许多发展阶段，它在其发展的每一个阶段上都表现为特定的民族精神。黑格尔是欧洲哲学史上第一个自觉地、全面地、系统地阐述了辩证法的哲学家，他批判了形而上学的思想，发展了辩证法。他的辩证法的基本内容是：质量互变、对立统一和否定之否定。其中，对立统一思想是黑格尔辩证法的最重要和最有价值的部分。

卢 梭

黑格尔把哲学家与民众联系起来，把批判的锋芒同时指向宗教和专制制度。这时的黑格尔还没有形成自己的哲学思想体系，他仍然认为宗教高于哲学，认为哲学作为反思的思维不能把握生命和精神的无限性。这一看法不同于他以前的观点，到耶拿以后，黑格尔很快又放弃了这一观点，转入论证绝对知识。黑格尔在耶拿时期，是他把自己的理想变为体系的一个转折点。1801年，黑格尔写了《费希特和谢林哲学体系的差异》一文，并参加了当时的哲学争论。这是黑格尔发表的第一篇哲学论文。

这一时期，黑格尔还发表了一些批评康德、费希特和F. H. 雅各比等人的著作。这些人的哲学被黑格尔看作主观的反思哲学、需要克服的片面性哲学，因而必须把它们同以总体为基础的"真正的哲学"区别开来。

1805年，黑格尔开始写《精神现象学》，并于1807年3月出版。它标志着由康德开始的德国哲学革命进入了新的阶段，也标志着黑格尔已经成为一位独树一帜的哲学家。在这部巨著中，黑格尔划时代地提供了一部人类意识的发展史。它从内容上将人类意识发展分为5个阶段：①意识，②自我意识，③理性，这3个阶段属于主观精神；④精神，即客观精神；⑤绝对精神。黑格尔的整体观和伟大的历史感，均体现在这部意识发展史中。《精神现象学》一书作为人的意识发展诸阶段的缩影，深刻地揭示了人的个体发展及人类社会发展两个方面的历史辩证法。在纽伦堡，黑格尔完成了另一部巨著，即1812、1813、1816年先后分3卷出版的《逻辑学》。这部著作的重要意义和它出版后遭到的冷遇形成了鲜明的对比。它只是在马克思主义哲学中才得到了正确的理解、改造并加以应用。在黑格尔的体系中，《逻辑学》占有核心的地位。除了《精神现象学》之外，他把自己的其他著作都看作是《逻辑学》的展开和应用。《逻辑学》集中地体现了黑格尔把宇宙看成一个运动、变化、发展的有机整体的合理思想，在逻辑史上具有革命的意义。

1816年，黑格尔开始在海德堡担任哲学教授。他根据讲课提纲编辑成《哲学全书》并于1817、1827、1830年出版，每次重版都作了重要修改。他还发表了政论《评1815年和1816年符腾堡王国等级议会的讨论》，坚持他的君主立宪制观点，批评邦议员们要求恢复法国革命前的旧法制。

1818年，黑格尔被任命为普鲁士王国的教授。在柏林，他创作了《法哲学原理》一书。在这一时期，黑格尔还讲授历史哲学。在历史哲学中，黑格尔通过理性主宰世界这一客观唯心主义原则，把历史看作一个有规律的、不以人的意志为转移的过程，从而结束了把历史看作非理性的、一团紊乱的观念。

宗教哲学是黑格尔在柏林时期开讲的一个课程。他的宗教思想是黑格尔派在他去世后分裂的一个重要原因。在这一点上，他继承了亚里士多德以来理性主义的神学传统，表现了明显的近代色彩。黑格尔从来不把宗教归结为教士的欺骗，而把它看作是历史和当代深刻矛盾冲突的表现及其解决。人对神的观念同人对自己的观念相应，这是黑格尔的一个重要观点。黑格尔在柏林作了6次关于哲学史的讲演。他把哲学史和哲学统一起来，哲学史在他看来是在时间中发展的哲学，而哲学是在逻辑体系中的哲学史。因此，哲学史在总体上可以说是哲学本身，哲学离开哲学史本身便不能成为哲学。哲学史上的多样性对于哲学的实存不仅绝对必要，而且具有本质意义。他的哲学史讲演达到了前人从未达到的高度。

亚里士多德

黑格尔哲学是19世纪德国资产阶级的世界观体系。它集德国古典哲学之大成，具有百科全书式的丰富性，居于整个资产阶级哲学的高峰。它不仅反映了当时德国资产阶级的革命性与软弱性，也在一定程度上反映了当时整个西方资产阶级的特点。在黑格尔哲学中，表现了丰富的辩证法内容与保守体系的深刻矛盾。

20世纪，黑格尔哲学重新受到广泛重视。黑格尔研究成了国际现象，不同阶级、不同学派都提出自己的解释，从中引出自己的结论。今天，东西方很少有哲学家和哲学派别不同黑格尔发生直接和间接的关系。黑格尔派或新黑格尔主义，成了历史现象。但黑格尔哲学却在发挥自己的作用，启发当代人的思想。在中国，黑格尔作为德国古典哲学中最有影响的一位哲学家，他的哲学也正在得到较以往更深入的研究。

黑格尔的伦理思想是集以往西方伦理思想之大成，特别是继承和发展了康德的伦理思想，建立了一个完整的理性主义伦理思想体系。黑格尔关于伦理的学说就是他的法哲学，其中包括抽象法、道德、伦理3个部分，中心是揭示自由理念的辩证发展过程。从哲学上看，黑格尔伦理思想的形式是唯心的，但其内容是现实的，方法是辩证的，它的成就对后世伦理思想包括马克思主义伦理思想的形成和发展起着至关重要的作用。

黑格尔的美学思想主要反映在他的《美学讲演录》一书中，这是他整个哲学体系的一个组成部分，也是他的哲学体系在美学和艺术领域中的具体表现。艺术的根本特点，是理念通过感性的形象来显现自己、认识自己，因此"美是理念的感性显现"成为黑格尔美学思想的核心。黑格尔分别对艺术的性质和特征、艺术发展的历史类型和各门艺术的体系，进行既是逻辑的又是历史的分析。逻辑方面，他建立了一个庞大的有关艺术的唯心主义哲学体系；历史方面，他开创了艺术社会学的研究，展示了宏伟的历史观。黑格尔的美学思想在西方美学史的发展过程中，起到了划时代的作用，成为古典美学的集大成者。

1831年，黑格尔被授予三级红鹰勋章。同年夏，他的《论英国改革法案》一文发表，因普鲁士国王下令中止，文章只发表了前半部分。

黑格尔一生著述颇丰，主要包括：《评1815年和1816年符腾堡王

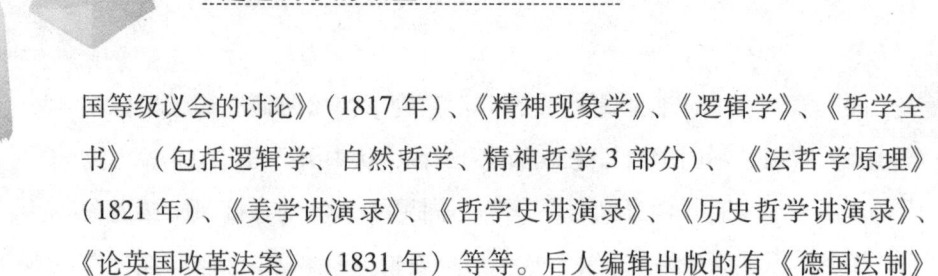

国等级议会的讨论》（1817 年）、《精神现象学》、《逻辑学》、《哲学全书》（包括逻辑学、自然哲学、精神哲学 3 部分）、《法哲学原理》（1821 年）、《美学讲演录》、《哲学史讲演录》、《历史哲学讲演录》、《论英国改革法案》（1831 年）等等。后人编辑出版的有《德国法制》（1893 年）、《黑格尔政治和法哲学著作》（1913 年）等。

古典哲学家费尔巴哈

费尔巴哈（1804—1872年），19世纪德国古典哲学最后的一个伟大代表，唯物主义哲学家，无神论者。

1804年7月28日，费尔巴哈出生于巴伐利亚下拜恩区首府的兰茨胡特，是德国著名法学家保罗·约翰·安塞姆里特·冯·费尔巴哈的第4个儿子。

费尔巴哈在上文科中学时，曾立志做一名神学家。但在1823年进海德堡大学神学系后，很快因为信仰和理性的冲突，对神学失望了。

1824年，费尔巴哈转入柏林大学哲学系，听德国著名哲学家G. W. F. 黑格尔讲授逻辑学、形而上学和宗教哲学等，深受影响。不久，费尔巴哈对黑格尔哲学的前提和抽象性质产生怀疑和不满。1826年，费尔巴哈转学到爱尔兰根大学，学习植物学、解剖学和心理学。

1828年，费尔巴哈撰写博士论文《论唯一的、普遍的和无限的理性》，答辩获得通过。随后在该校任讲师，讲授近代哲学史、逻辑学和形而上学。1830年匿名发表《论死与不死》，揭露基督教教义的虚伪。

走进科学的殿堂

这本书立即受到宗教人士的攻击，并被当局没收，费尔巴哈的作者身份也被查明。从此，他离开了大学讲坛，但仍然坚持学术研究，加工整理大学的讲稿，写成3部哲学史著作：《从培根到斯宾诺莎的近代哲学史》（1833年）、《对莱布尼茨哲学的叙述、分析和批判》（1837年）和《比埃尔·培尔》（1838年）。

费尔巴哈的3部哲学史著作虽然没有摆脱黑格尔唯心主义观点的影响，但对近代唯物主义热情地给予了肯定的评价，明确地把哲学同宗教对立起来，把哲学发展的历史描述为人类理性从神学下解放出来的过程。这时，他的哲学观点正处在向唯物主义的转变中。

1837年，费尔巴哈迁居布鲁克堡村，同年结婚。由于他的这种激进思想，加上不善演讲，他一直在学术界无法取得成功，并被永远驱逐出大学讲坛。在这穷乡僻壤，费尔巴哈只能依靠他妻子在一座瓷厂中的股份、自己著作的稿酬和政府的少量津贴，过着俭朴的生活。

1834年，费尔巴哈发表了《阿伯拉尔和赫罗伊丝》，1839年发表了《论哲学和基督教》，宣称"基督教事实上不但早已从理性中消失，而且也从人类生活中消失，它只不过是一个固定不变的概念"，公开反叛当时的观念。同年，他还发表了关于哲学和宗教问题的主要著作《黑格尔哲学的批判》，对

费尔巴哈

黑格尔的唯心论作了分析批判。1841年，费尔巴哈发表了《基督教的实质》，重申对基督教的看法，认为人就是他自己的思考对象，将宗教归结为对无限的认识。宗教"不过是对于知觉的无限性的认识。或者说，在对无限的认识中，有意识的主体以其自身本能的无限性作为认识的对象"。也就是说，上帝不过是人的内在本性的向外投射。这本书的第一部分发挥了"宗教之真正的或人类学的本质"，论及上帝作为"理解的存在"、"道德的存在或法律"，作为"爱"等方面，都是为了适应人类本性的各种不同的需要。在这本书的第二部分，费尔巴哈分析了"宗教之虚伪的或神学的本质"，认为把上帝看成是离开人的存在而存在，会使人相信启示和奇迹，不仅会"损坏和消除人类的最重要的感觉，对真理的追求"，而且相信宗教仪式的"圣餐"和献祭，导致"必然的结果是迷信和不道德"。他认为基督教的上帝只是一个幻象，论及其他学科时，尤其是哲学，他认为黑格尔的哲学是伪宗教的，他提出一种机械论的唯物主义。他的这本书被翻译成英语和法语出版。

1842年，费尔巴哈发表了《关于哲学改造的临时纲要》。1843年，他又发表了《未来哲学原理》。这些著作批判了黑格尔的思辨唯物主义和基督教的黑暗本质，提出了他的人本主义原理和无神论思想。这时费尔巴哈的哲学观点已根本转变到唯物主义方面。

1843年，费尔巴哈曾同马克思和卢格通信，表示支持筹办《德法年鉴》，但他不完全赞同他们通过革命

卢　格

改造德国的纲领，拒绝参加编辑部的工作。不久，他同卢格的关系因意见分歧而破裂。费尔巴哈专注于宗教问题，把宗教研究的范围扩大到基督教以前的自然宗教，并于1846年写出《宗教的本质》和《从人本学观点论不死问题》等重要著作。

德国纽伦堡风光

在1848年到1849年间，德国各公国中出现资产阶级革命运动，费尔巴哈热烈欢迎革命的到来，拥护资产阶级民主制。由于他对宗教的抨击，许多革命党人将他看成英雄。但是，他并不懂得正在发生革命的意义，认为民主制的建立是将来的事，不愿投身到现实的斗争之中。他自己从没有参加过政治活动，只作过一些演讲，他的全部精力都用在了写作上。但他明白地反对君主制度，认为"无限制的君主国乃是无道德的国家"，革命失败后，他公开责骂当时欧洲的反动局势，并将其比作

"空间略大的监狱"。

1848年，德国爆发革命。在革命高潮里，费尔巴哈被激进的大学生、市民和工人看作自由思想的象征。1848年12月到1849年3月，他应邀到海德堡市政大厅发表演说，全面地讲述了他的哲学思想和宗教思想。1849年5月，费尔巴哈出席法兰克福的国民会议，但对会议持消极态度。

1849年革命失败，费尔巴哈回到布鲁克堡，埋头从事研究和著述。先后出版了他父亲的传记（1851）和《古典的犹太的和基督教的古代著作中的诸神系学》（1857）。

1860年，由于费尔巴哈赖以为生的瓷厂倒闭，他不得不离开在勃鲁克堡的家，全家迁居纽伦堡，生活更艰难。但他仍然努力从事著述，在朋友们的帮助下，费尔巴哈出版了最后一本书《从人本学观点论上帝、自由和不死》（1866）。除此之外，费尔巴哈还研究过一些社会主义文献和马克思的《资本论》。

晚年，费尔巴哈阅读了马克思的《资本论》，但他在社会历史观方面是唯心主义的。他在批判黑格尔唯心主义体系的同时，抛弃了黑格尔的辩证法，所以始终未能摆脱机械唯物主义的缺陷。马克思和恩格斯批判地吸取了费尔巴哈唯物主义的"基本内核"，把它发展成为科学的辩证唯物主义理论。

费尔巴哈对反基督教的政论家有很大的影响，他的某些观点在德国教会和政府的斗争中被一些极端主义者接受。对卡尔·马克思的影响也很大，但马克思并不赞同他观点中的机械论，为此，马克思还写过《费尔巴哈论纲》批判他这种形而上学的唯物主义。

由于长时间的精力消耗，费尔巴哈于1872年在拜恩州的纽伦堡去世。

走进科学的殿堂

马克思主义的创立

卡尔·亨利希·马克思（1818年5月5日—1883年3月14日），德国政治哲学家及社会理论家，马克思主义创始人，犹太人。主要著作有《资本论》、《共产党宣言》等。他是无产阶级的导师，是共产主义运动的带头人。

思想的摇篮

1818年5月5日，马克思生于德国莱茵省（现属于联邦州莱茵兰—普法尔茨）特里尔一个律师家庭。他的祖父马克思·列维是一名犹太人律法学家。他的父亲希尔舍·卡尔·马克思，后改名亨利希·马克思，生于1782年，同荷兰女子罕丽·普列斯堡结婚，生育多名子女。但只有卡尔·马克思和三个女儿索菲亚、米尔、路易莎存活。

1830年10月，马克思进入特里尔中学读书。1835年秋在特利尔中学毕业后，进入波恩大学，

马克思

后转学到柏林大学法律系学习。

马克思在柏林大学学习期间（1836—1841年），时逢柏林大学教学大楼大规模扩建，因此在客观上给马克思的学习带来了不利因素。在4年多的大学生活当中，马克思曾先后八迁其居。注册之后，他从学校的房管部门租到了一套便宜的住房，位于柏林中央大街61号，但不到半年就不得不搬迁到老雅克布大街45号的大学生宿舍居住。在那里没住几天，他就病倒了。尔后根据医生的建议搬到城郊的施特拉劳村11号进行疗养。病愈后，他仍回到老雅克布大街45号居住，直到1838年3月。从1838年4月至1840年9月，马克思还曾先后居住在茅林大街17号、路易森大街45号、莎丽特大街10号和马克格拉芬大街59号，马克思在柏林大学学习期间的最后一个住处是絮林大街68号的大学生宿舍。这些住处除施特拉劳在当时的城郊之外，其他住宅均分布在市中心一带。由于多次战争的破坏和大规模的城市建设，现在，马克思的这些旧居早已不复存在了。

马克思在柏林学习时，一直和父母保持着密切的书信联系。

柏林大学的甘斯教授是一位左翼黑格尔派，他从黑格尔辩证法的立场出发，尖锐地批评了历史法学派的观点，同时又摆脱了黑格尔保守和一成不变的教条。这位进步的科学家在大辩论中成了一名坚定的维护资产阶级自由的辩护士。甘斯给学生留下了极为深刻的印象。从第二学期起，马克思曾经用了一年的时间在甘斯教授那里学习《刑法》和《普鲁士国家法》。

马克思在柏林大学9个学期的学习中，总共攻读了13门课程。他在学习上的惊人毅力和好学的精神为世人所称道。

学习一开始，马克思就集中精力刻苦钻研文学和名人的著作。他每读一部著作都要作详细的摘录，并且加上自己的观点和批注。与众不同

走进科学的殿堂

的是,他使用前所未有的批评与自我批评的方法深刻地探讨了整个文学宝库。因此,他从不畏惧别人拒绝他一再阐明的观点。他主张进取,反对任何停滞不前。

在学习中,马克思涉猎的范围很广。在他的学习计划中,不仅有罗马法律史和刑法方面的著作,还有无数法律、哲学等方面的书籍,而且还有多种文艺方面的书籍。他阅读过德国伟大诗人莱辛的《论诗与画》、《拉奥孔》,佐尔格尔的《艾尔温》,温克尔曼的《艺术史》,以及卢登的《德意志民族史》和《文学新事》等等。他在写给父亲的信中说,他已经翻译了一部分古希腊哲学家亚里士多德的《修辞学》,同时还正在补习英语和意大利语。

马克思在学习中从不满足于书本上的知识。在柏林一年后,他走出课堂,开始进入最能反映社会现实生活的剧场。马克思曾经多次去歌剧院观看根据歌德的名著《浮士德》排演的剧目,他高度评价当时扮演魔鬼的著名演员塞德曼。他有时还去作家伯蒂娜·冯·阿尼姆家里作客。这位具有民主思想的女作家在菩提树下大街上的住宅,曾一度变成当时进步学生精神生活的乐园。还有一点值得一提的,就是马克思1841年初在当时的德国柏林《女神》杂志上发表了他的第一首诗作。1837年以后,马克思虽然把写诗当作"附带的事情",但却始终没有间断过。事实上,他把写诗当成了自己艰巨学习任务的忠实伴侣。

思想的摇篮

歌　德

在第一学年学习期间，由于繁重的学习压力和精神负担，马克思不得不经常通宵达旦地工作，久而久之终于搞垮了身体。1836年夏，他不得不遵照医生的建议，搬到渔乡施特拉劳村疗养。施特拉劳当时位于柏林郊区，濒临施帕累河，风景秀丽，气候宜人，是著名的疗养胜地。马克思在那里住了半年左右，他与房东一起远足射猎，每天徒步往返于现在的卢默尔斯堡湖到柏林之间，经常在施帕累河畔散步。通过这些活动，他的身体很快得到了恢复。1837年秋，马克思搬回柏林居住后，曾给父亲写信说："我完全没有预料到，我在那里从一个毫无血色的瘦猴子变成了一个敦实的小伙子。"

早在柏林大学第一学期学习的时候，马克思的学习兴趣就已经从原来的法律学越来越多地转向哲学。不久以后，他又写信逼着父亲同意将他的科学职业也从法律转向哲学领域。尽管父亲担心儿子不怎么考虑个人的安全，但还是答应了他的恳切要求。

1838年5月10日，正是马克思全力以赴钻研哲学的时候，父亲去世了。这一噩耗给了他十分沉重的打击。从那时起，母亲不得不单独承担起抚养7个孩子的重担，马克思的经济状况也愈来愈差。但直到大学毕业，他都始终保持着对科学的无止境的追求和彻底探索的精神。

1839年初，马克思根据他的朋友布鲁诺·鲍威尔的建议，把全部精力转向写博士论文。他深刻地探讨了古希腊哲学家德谟克利特和伊壁鸠鲁的哲学思想，尤其研究了伊壁鸠鲁的无神论思想，写出了《德谟克利特的自然哲学与伊壁鸠鲁的自然哲学的差别》的博士论文。

当时柏林作为普鲁士帝国的首都，柏林大学的文学课也越来越充满反动气氛。因此，马克思的博士论文虽然是在柏林大学完成的，但却是在耶拿大学呈交的。马克思之所以把论文送到耶拿大学，据说还有经济方面的原因。柏林大学实行一种程序烦琐而又花费时间的博士学位授予

走进科学的殿堂

法，要通过十分严格的考试、论文答辩和博士论文，而所有这一切都要用拉丁文进行。所以，要想在柏林大学取得博士学位，一方面十分困难，另一方面费用昂贵。相反，在耶拿大学，授予博士学位，不仅费用低，而且本人可以缺席，丝毫不会造成精神上的压力。马克思当时并不想放弃博士文凭，但又想尽快结束他在柏林的生活，所以最后决定把博

思想的摇篮

耶拿大学校园一景

士论文邮寄到耶拿大学，而自己离开柏林回到特利尔。马克思的论文在耶拿大学受到高度的评价，不久，他就被授予了博士学位。

毕业后，也就是在1842年4月，马克思开始为《莱茵报》撰稿，同年10月任该报主编，著文抨击普鲁士专制政府，开始接触社会经济问题。1843年3月退出《莱茵报》编辑部。10月移居巴黎，参加工人运动，广泛研究历史、哲学、政治经济学和社会主义理论。在与卢格合

办的《德法年鉴》上，马克思发表了《论犹太人问题》和《〈黑格尔法哲学批判＞导言〉》等文章，表明他开始从唯心主义向唯物主义、从革命民主主义向科学共产主义的转变。期间，马克思还认识了弗里德里希·恩格斯。恩格斯学识渊博，精通哲学、历史、政治经济学、数学。

1843年6月19日，马克思与苦等了他7年之久的的贵族小姐燕妮结婚。1844年1月，马克思与燕妮一起踏上流放巴黎的征途。同年完成《哲学经济学手稿》，这份手稿直到1933年才被发现并发表。

1844年8月底，马克思与恩格斯在巴黎会见，从此他们开始了终身的合作。1845年2月，他们的第一部合著《神圣家族》出版，该书清算了青年黑格尔派的唯心史观，阐述了人民群众是历史创造者的观点。同年11月

燕　妮

至次年5月，他们又合写了《德意志意识形态》，批判了黑格尔的唯心主义哲学和费尔巴哈的唯心史观以及"真正的社会主义"，论述了历史唯物主义的基本原理。这表明马克思和恩格斯已经完成从唯心主义到唯物主义、从革命民主主义到科学共产主义的转变。

1845年秋，他们被法国政府驱逐出境，来到比利时布鲁塞尔。1845年12月宣布脱离普鲁士国籍，后和恩格斯一起完成了《德意志意识形态》。书中批判了黑格尔的唯心主义和费尔巴哈唯物主义的不彻底。第一次系统地阐述了他所创立的历史唯物主义，明确提出无产阶级夺取政权的历史任务，为社会主义由空想到科学奠定了初步理论基础。随后

走进科学的殿堂

遭到比利时当局的迫害，和妻子一起回到德国。

　　1846年初，马克思和恩格斯在布鲁塞尔建立共产主义通讯委员会，为创建无产阶级政党作准备。1847年1月，马克思和恩格斯加入正义者同盟，1847年6月同盟更名为共产主义者同盟。8月，马克思当选为布鲁塞尔共产主义者同盟支部主席和区部委员。11月底，马克思和恩格斯出席在伦敦举行的共产主义者同盟第二次代表大会，受委托起草同盟纲领。1848年2月中旬，国际共产主义运动的第一个纲领性文件《共产党宣言》问世。《宣言》全面阐述了科学共产主义的基本原理，标志着马克思主义的诞生。

巴黎风光

　　1848年4月，马克思和恩格斯在德国一起创办了《新莱茵报》，并参加科伦工人联合会和民主协会的领导工作。8月中旬，马克思参加第一届莱茵民主主义者代表大会，当选为科伦民主团体的中央委员。8月下旬，他去柏林和维也纳进行宣传与联络活动。9月，马克思参加由《新莱茵报》编辑部、科伦工人联合会和民主协会召开的民众大会，并被选入安全委员会。11月，马克思又当选为科伦人民委员会委员，组织和武装群众，以抗击反革命政变阴谋。

1849年5月16日，普鲁士政府下令驱逐马克思。19日，《新莱茵报》被迫停刊，用红色油墨印刷了最后一号。

1849年6月初，马克思及其全家流亡到巴黎。8月，又被法国政府驱逐，迁居伦敦。在他的领导下重组同盟中央委员会，恢复和整顿组织。

1850年3月和6月，马克思先后两次与恩格斯一起起草《中央委员会告共产主义者同盟书》。1852年11月，根据马克思的建议，共产主义者同盟伦敦区部宣布解散，其他地方的同盟支部也相继停止活动。

1850年，马克思写作《1848年至1850年的法兰西阶级斗争》，1851年底至1852年春，写作《路易·波拿巴的雾月十八日》，介绍了欧洲特别是法国1848年革命的经验。指出打碎旧的军事官僚机器是欧洲大陆上任何一次真正的人民革命的先决条件，阶级斗争必然要导致无产

伦敦圣马丁大教堂

阶级专政，这个专政不过是达到消灭一切阶级、进入无阶级社会的过渡，不断革命是无产阶级的战斗口号，农民是无产阶级的天然同盟军。

在伦敦，他们度过了一生中最困难的日子。在这种境况下，马克思仍潜心研究政治经济学，写出了他最重要的著作《资本论》。

1864年9月28日，马克思应邀出席在伦敦圣马丁大教堂举行的国际工人协会成立大会（即第一国际），当选为协会临时委员会委员，兼任德国通讯书记。10月，他受托起草协会的成立宣言和临时章程，为国际工人协会规定了符合科学社会主义精神的政治纲领、策略原则和组织形式。从1866年在日内瓦举行的代表大会起，马克思连续当选为国际总委员会委员。他主持协会繁重的组织和宣传任务，起草了协会的大部分重要文件，是公认的国际总委员会的灵魂和首脑。

1867年9月14日，《资本论》第一卷出版。1868年9月举行的国际布鲁塞尔代表大会作出决议，指出"马克思的功绩是不可估量的"，号召各国工人学习和宣传《资本论》。

1870年10月，马克思与移居伦敦的恩格斯再度相聚。1871年3月18日，巴黎工人起义后，马克思以一个实际参加者的身份全力以赴支援公社革命。他密切注视巴黎局势的进展，通过各种办法与公社的领导人弗兰克尔、瓦尔兰和赛拉叶等取得联系，就公社的斗争策略、社会经济措施、军事防务和内部团结等问题，向他们提出建议和忠告。

公社失败后，马克思挺身而出捍卫公社的事业。尽力援救公社战士，总结公社经验。1871年5月30日，马克思在国际总委员会会议上宣读了题为《法兰西内战》的宣言，指出巴黎公社实质上是工人阶级的政府。在1871年9月国际工人协会伦敦代表会议和1872年9月海牙代表大会上，马克思和恩格斯团结各国革命者，作出了工人阶级参加政治斗争、建立与一切旧政党相对立的独立政党的决议，并粉碎了巴枯宁

集团篡夺国际领导权的阴谋。1872年9月国际总委员会迁往纽约后，马克思不再担任国际总委员会委员。1876年7月，根据马克思的提议，国际工人协会宣告解散。

1877年5月，马克思写了《对德国工人党纲领草案的意见》（即《哥达纲领批判》），进一步发展了无产阶级革命和无产阶级专政的理论。首次提出共产主义社会两个发展阶段，指出"在资本主义社会和共产主义社会之间，有一个从前者转变为后者的革命转变时期。同这个时期相适应的也有一个政治上的过渡时期，这个时期的国家只能是无产阶级的革命专政"。1878年，俾斯麦政府颁布"反社会党人法"后，马克思和恩格斯帮助德国社会民主工党克服党内"左"倾盲动和右倾投降倾向，采取合法斗争与秘密斗争相结合的斗争策略，巩固并发展了党和工人运动。1880年5月，马克思和恩格斯指导法国工人党领导人制订党纲，口授了纲领的理论部分。

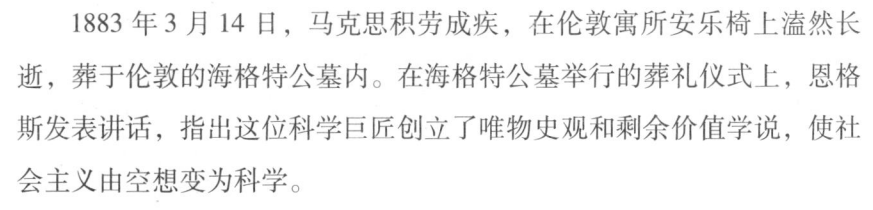

1883年3月14日，马克思积劳成疾，在伦敦寓所安乐椅上溘然长逝，葬于伦敦的海格特公墓内。在海格特公墓举行的葬礼仪式上，恩格斯发表讲话，指出这位科学巨匠创立了唯物史观和剩余价值学说，使社会主义由空想变为科学。

《资本论》后两卷为恩格斯整理马克思的遗稿，分别在1885年、1894年相继出版。

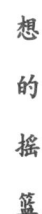

走进科学的殿堂

革命导师恩格斯

弗里德里希·恩格斯（1820—1895年），马克思主义的创始人之一，卡尔·马克思的亲密战友，全世界无产阶级和劳动人民的伟大领袖和导师。

1820年11月28日，恩格斯出生于德国莱茵省巴门市（现为乌培塔尔市）一纺织厂主家庭。少年时就学于巴门市立学校，1834年转入爱北斐特理科中学。恩格斯本打算中学毕业后升入大学，但其父亲一心想让儿子继承父业。1837年，离中学毕业还有一年，他就辍学到父亲的营业所学习经商。一年后又去不莱梅一家商行当办事员，在这里恩格斯有机会接触各种进步思想。恩格斯被民主主义的政治思想所吸引，同青年德意志运动发生联系。他开始拿起笔作武器，站在革命民

恩格斯

思想的摇篮

主主义立场向封建专制制度和宗教蒙昧主义开战。1839年春，恩格斯在《德意志电讯》上发表了《乌培河谷来信》，揭露封建专制制度和宗教虔诚主义的黑暗，倾注了对劳动人民的同情。

1841年9月，恩格斯到柏林服兵役。他利用空闲时间去柏林大学听课，认真地研究哲学，特别是黑格尔哲学，并参加青年黑格尔派的活动。1841年底和1842年初，恩格斯写出《谢林与启示》等3篇文章，抨击为普鲁士政府服务的哲学家F. W. J. von 谢林，维护G. W. F. 黑格尔的辩证法和青年黑格尔派从事进步活动的功绩，在德国哲学界引起轰动，在国外也有强烈反响。这时，恩格斯在政治上和世界观上虽然是一个民主主义者和唯心主义者，但他在实际斗争中，逐步意识到黑格尔唯心主义哲学同德国现实之间的矛盾，再加上费尔巴哈《基督教的本质》一书的出版，对恩格斯的思想起了解放作用，帮助他开始从唯心主义向唯物主义转变。

1842年11月，恩格斯到英国曼彻斯特他父亲入股的欧门—恩格斯棉纺厂办事处工作，接触到了真正的无产阶级。他经常深入工厂和工人住宅作调查研究，参加他们的集会和斗争，并同宪章运动领袖建立联系。为了认识资本主义社会的发展规律和无产阶级解放的条件，恩格斯进行了大量的科学研究工作。他分析英国的社会状况，研究资产阶级经济学家以及空想社会主义者的著作，为宪章运动机关报《北极星报》和马克思主编的《莱茵报》撰稿。

1844年3月，恩格斯在《德法年鉴》上发表《政治经济学批判大纲》和《英国状况——评托马斯·卡莱尔的〈过去和现在〉》两篇文章，在前一篇文章中，他从社会主义观点出发，批判资产阶级经济学的基本范畴，剖析了资本主义经济制度的矛盾，揭露了私有制是资本主义社会一切祸害的根源，并提出要消灭私有制。在后一篇文章中，他批判了英国唯心主义历史学家卡莱尔鼓吹"英雄崇拜""天才崇拜"的唯心史观。这些著作表明，他已完成由唯心主义向唯物主义、革命民主主义向共产主义的转变。在英国期间，恩格斯结识了爱尔兰女工玛丽·白恩士，后来与她结婚。

同马克思的合作是恩格斯革命生涯中的重要里程碑。1844年8月，恩格斯拜访了当时侨居巴黎的马克思。在这次会见中，他们倾心交谈各自的政治理论观点，从此开始了伟大的合作，建立了深厚的友谊，成了终身患难与共、志同道合的亲密战友，并决定为创立科学社会主义理论、制定无产阶级的科学世界观而奋斗。他们立即着手为无产阶级制定科学世界观，1845—1846年，两人合著了《神圣家族》。书中着重批判青年黑格尔派的主观唯心主义，也批判黑格尔的客观唯心主义，阐明了辩证唯物主义和历史唯物主义一些重要原理。这部著作"奠定了革命唯

马克思–恩格斯广场

物主义的社会主义基础"。1845—1846年，他们又合著了《德意志意识形态》，书中明确指出物质资料的生产是社会存在和发展的基础，社会存在决定社会意识；分析生产力和生产关系之间的辩证关系；根据生产力发展状况探讨历史上各种所有制形式；阐明阶级社会中新的生产力与旧的生产关系的矛盾必然导致阶级对抗；论证了资本主义必然灭亡、共产主义必然胜利。这部著作是对历史唯物主义的第一次系统阐述。1845年，恩格斯根据他在英国进行大量调查研究的材料，发表了《英国工人阶级状况》一书，书中第一次明确地指出无产阶级不只是一个受苦的阶级，它所处的政治经济地位必然推动它去争取自身的解放，而社会主义只有成为工人阶级的政治斗争目标时才会成为一种政治力量。它是世界社会主义文献中最优秀的著作之一。

恩格斯同马克思不仅致力于创立革命理论，而且积极投身革命实践。他们确信，无产阶级要获得解放，必须有一个以革命理论为指导的革命政党。1846年初，他们在布鲁塞尔建立共产主义通讯委员会，同各国的社会主义团体建立联系，宣传科学社会主义。1847年马克思、恩格斯应邀加入德国工人的秘密组织正义者同盟。并积极参加同盟的改组工作。恩格斯出席同盟在1846年6月召开的第一次代表大会，向大会阐述科学社会主义的基本原理，把旧的同盟改组为共产主义者同盟。

恩格斯为同盟起草了第一个纲领草案《共产主义信条草案》。会后又在这个草案基础上拟定另一个更加完善的纲领草案，即《共产主义原理》。《原理》用问答的形式通俗地阐明无产阶级革命的性质和任务，指出共产主义者的主要要求就是消灭私有制，描述了未来社会的一些主要特征。同盟第

马克思与恩格斯

走进科学的殿堂

二次代表大会后,马克思和恩格斯受大会委托,在《原理》的基础上,又以问答的形式拟定一个新的纲领,即《共产党宣言》。《共产党宣言》具有划时代意义,第一次公开树立起共产主义运动的旗帜,是一个周详的理论与实践相结合的党纲,标志着马克思主义的诞生。

1848年,欧洲爆发了资产阶级民主革命。马克思、恩格斯受共产主义者同盟中央委员会的委托,为德国无产阶级制定了这场革命中的行动纲领《共产党在德国的要求》。德国"三月革命"爆发后,他们于4月初回国参加革命斗争。恩格斯除协助马克思创办《新莱茵报》,通过报纸指导人民群众斗争外,还亲身参加南德和爱北斐特地区保卫革命成果的几次激烈战斗。在战斗中他是一个无畏的战士,显示出卓越的军事才能和大无畏的革命精神。

革命失败后,恩格斯流亡伦敦与马克思会合,担负起重建同盟中央委员会和地方组织的工作,立即着手总结革命经验,写了《德国维护帝国宪法的运动》、《德国农民战争》、《德国的革命和反革命》,还与马克思合写了《中央委员会告共产主义者同盟书》。在这些著作中,用历史唯物主义观点精辟分析各阶级的状况和革命失败的原因;论述工农联盟的必要性;阐明

曼彻斯特风光

无产阶级进行阶级斗争的战略和策略，特别是武装起义原则；提出了不断革命思想。这些思想进一步丰富了科学社会主义理论。

1850年，恩格斯重返曼彻斯特，重新从事他十分厌恶的经商活动（长达20年），以便在经济上帮助马克思一家度过艰难的生活，支持马克思完成《资本论》的伟大创作。恩格斯还在科学研究上帮助马克思，就各种理论问题同马克思交换看法，向他提供资本主义企业经营活动的资料，协助他从理论与实际的结合上完成《资本论》的理论体系。恩格斯独自进行了内容极为丰富的科学研究工作，为使辩证唯物主义的世界观更牢固地奠定在科学的基础上，他研究各门自然科学。他还花费很大精力研究各种军事问题，写了大量军事论文，为无产阶级军事科学奠定基础。他密切注意重大政治事件，写了大量政论文章。

伦敦风光

恩格斯十分关心各国工人运动，了解各国工人运动的状况，并给予工人运动悉心地指导。1864年,第一国际成立。恩格斯因在曼彻斯特,无法直接参与国际的领导,但他通过同马克思的通信参加了国际内部重大问题的讨论。他尤其关心被压迫民族争取解放的斗争,在《波斯和中国》《俄国在远东的成功》等文章中,揭露沙皇俄国和英帝国对中国的侵略扩张,赞扬中国人民的民族解放斗争,预言今后必将看到整个亚洲新纪元的曙光。

1870年9月,恩格斯从曼彻斯特迁居伦敦。同年10月,他被选为第一国际总委员会委员,开始直接参加国际的领导。在总委员会会议上和在报刊发表的文章中,他积极支持、热情赞扬巴黎工人的首创精神和英雄气概,总结和宣传巴黎公社的经验。他在国际内部坚定地参加反对蒲鲁东派、巴枯宁派和拉萨尔派的斗争,并写了一些重要著作,如《论住宅问题》、《论权威》、《行动中的巴枯宁主义者》、《流亡者文献》等,总结了巴黎公社革命的经验,批判了巴枯宁派的无政府主义思潮。从1873年起,恩格斯开始了自然辩证法的研究和写作,前后持续10年,写了许多札记和片断,揭示自然界的辩证规律,为自然科学提供正确的方法论。这些手稿在恩格斯逝世后被编成《自然辩证法》一书出版。其中《劳动在从猿到人转变过程中的作用》一文,第一次科学地解决了人类起源问题。

1877—1878年,恩格斯写出了《反杜林论》这部光辉著作,深刻批判E.K.杜林唯心主义先验论的哲学、庸俗的政治经济学和假社会主义,并对马克思主义哲学、政治经济学和科学社会主义作了系统阐述,第一次把马克思主义哲学体系化了。他详尽地论证辩证唯物主义的一系列基本原理,阐明唯物辩证法的特征和主要规律。他对政治经济学的定义、对象和方法作了精辟论述,对马克思的劳动价值论和剩余价值论作了系统阐发,对资本主义经济危机的根源、资本主义国有化的实质和资本主义的基本矛盾作了深刻剖析。他划清了空想社会主义和科学社会主

义的界限，论证资本主义灭亡的必然性，科学地预言未来社会的基本特征。这部著作被誉为马克思主义的百科全书。

1880年，恩格斯将《反杜林论》一书理论部分中最重要的内容改编成《社会主义从空想到科学的发展》小册子，在法国和其他国家的工人中广为传播，马克思称之为"科学社会主义的入门"。

1883年3月，马克思与世长辞。恩格斯立即停下自然辩证法的研究，担负起了整理和出版马克思文献遗稿工作。他将主要精力用于整理《资本论》第2卷和第3卷，完成战友的未竟之业。1885年出版了第2卷，1894年出版了第3卷。这两卷《资本论》的完成，为马克思树立了一座庄严宏伟的纪念碑，也为各国无产阶级作出了宝贵的贡献。

1884年，恩格斯发表了《家庭、私有制和国家的起源》这部重要著作，用唯物史观阐述人类早期发展的历史，论述原始公社制度解体和以私有制为基础的阶级社会形成过程，揭示了在私有制基础上形成的阶级对抗和作为阶级统治工具的国家的起源和实质，阐明了国家消亡的历史必然性。批判资产阶级学者、拉萨尔主义者以及无政府主义者关于国家问题的谬论。这部著作对研究古代史和马克思主义国家学说具有极为重要的指导意义。

1886年，恩格斯发表了《路德维希·费尔巴哈和德国古典哲学的终结》这部名著，系统地批判了黑格尔的唯心主义以及费尔巴哈唯物主义的局限性和唯心史观，第一次对哲学的基本问题作了经典概括，提出划分唯物主义和唯心主义的科学标准，精辟地论述哲学的基本问题和唯物史观的基本原理。晚年，他又在一些重要书信中进一步阐发历史唯物主义基本原理，在肯定经济基础决定上层建筑的同时，强调指出上层建筑的反作用，指出意识形态的相对独立性及其在社会发展中的作用，批判了把唯物主义简单化、庸俗化的倾向。

恩格斯晚年在完成繁重理论工作的同时，还担负着指导国际工人运动的重任。1889年7月，在他的直接领导下，各国社会主义政党建立第二国际，进一步团结和发展了国际无产阶级的革命力量，使社会主义运动获得广阔的发展。他还帮助和指导德、法、英等国社会主义政党开展反对左、右倾机会主义的斗争。先后写出《1845—1885年的英国》、《〈论住宅问题〉一书第二版序言》、《〈法兰西内战〉一书导言》、《1891年社会民主党纲领草案批判》、《〈英国工人阶级状况〉1892年英国版序言》等序文和书信，深刻地批判了各种机会主义思潮，指导各国政党制定正确的纲领和策略，丰富和发展了科学社会主义。1894年，恩格斯写出《法德农民问题》一文，指出无产阶级在争取实现无产阶级专政斗争中与农民结成联盟的必要性和可能性，阐述无产阶级在取得政权后引导农民走向农业合作化的纲领和步骤，强调对小农不能用暴力剥夺，而应通过示范把他们逐步引向合作社的生产和占有。这是马克思主义关于农民问题的重要著作。1895年3月，恩格斯为马克思《1848年至1850年的法兰西阶级斗争》一书新版写了导言，分析和总结了1848年以来无产阶级斗争条件和方法的变化。

1895年8月5日，恩格斯在伦敦病逝。骨灰罐由他的亲密战友F.列斯纳等遵照遗嘱投葬于英国伊斯特勃恩岩崖附近的海中。

唯意志论的创立者叔本华

阿瑟·叔本华（1788—1860年），祖籍荷兰，19世纪德国著名哲学家，唯意志论的创始人。

1788年2月22日，叔本华出生于但泽（今波兰的革但斯克）一个银行家家庭。父亲叫海因里希·弗洛里斯·叔本华，是非常成功的商人，后自杀，其大部分遗产由叔本华继承；母亲叫约翰娜·亨利埃特，是当时颇有名气的作家，与歌德等文豪有交往。不久后叔本华和他母亲一起迁居奥里瓦庄园，在那里叔本华度过了他的童年。1799年8月，由于法国的政治形势，叔本华经济路回到汉堡，进入龙格博士的私立学校，直到1813年。

早年，叔本华在英国和法国接受教育，能够流利使用英语、意大利语、西班牙语等多种欧洲语言

叔本华

走进科学的殿堂

和拉丁语等古代语言。因为父亲的关系，叔本华最初的选择了经商以继承父业，在父亲死后他才得以进入大学。1809年叔本华进入哥廷根大学攻读医学，但把兴趣转移到了哲学。1811年转柏林大学，在那里他对费希特和施莱艾尔马赫产生了浓厚的兴趣。1814年以《论充足理由率的四重根》获得了耶拿大学博士学位。1822年被聘为柏林大学讲师。

在《论充足理由率的四重报》一书中，叔本华提到了"四重根"一词。这四重根分别是"因果性"、知、存在和行为（或行动）。据称他和他的母亲关系非常不好，他母亲曾揶揄说一本以"四重根"命名的书原本是医书。1818年，叔本华发表了《作为意志和表象的世界》，从而奠定了他的哲学体系。他为这部悲观主义巨著作出了最乐观的预言："这部书不是为了转瞬即逝的年代而是为了全人类而写的，今后会成为其他上百本书的源泉和根据。"然而该书出版10年后，大部分是作为废纸售出的，极度失望的叔本华只好援引别人的话来暗示他的代表作，说这样的著作犹如一面镜子，"当一头蠢驴去照时，你不可能在镜子里看见天使"。起初，这部著作并没有获得认可，但却帮助他在柏林获得了助教的职位。

叔本华从小孤僻、傲慢、喜怒无常，并带点神经质。他对自己的哲学也极为自负，声称是一种全新的哲学方法，会震撼整个欧洲思想界，然而他的著作却常常受到冷落。在柏林大学任教时，他试图和黑格尔在讲台上一分上下，结果黑

法兰克福风光

格尔的讲座常常爆满，而听他讲课的学生却寥寥无几。于是，叔本华带

思想的摇篮

着一种愤懑的心情离开了大学的讲坛。事实上，叔本华与黑格尔的对抗是两种哲学倾向之间的较量。他失败了，因为他不属于那个时代。用叔本华自己的话说，他的书是为后人写的。事实也是如此，到他晚年，时代才与他走到了一起，他终于得到了期待一生的荣誉。

在大学受挫之后，叔本华选择了隐居于法兰克福。他出版了多种著述，但是只有两卷以格言体写成的《附录与补遗》在1851年使他获得

郎朗登上英国《泰晤士报》

了声誉。作为一个著名的悲观主义者，他的生活并非完全隐遁，且有些自私。但在某些方面他可称为性情中人：谈过恋爱；也曾被称赞为一个诙谐且能侃侃而谈的人；他每天阅读伦敦的《泰晤士报》；脾气火暴，曾把一个女裁缝推下楼梯（因为受不了她的吵闹并且多次劝阻都没有效果）并造成她残疾，因此叔本华需要按季度付给她终生补偿。在这个女裁缝过世时，叔本华写道："老妇死，重负释。"

叔本华的唯意志论形成于黑格尔活动时代的后期，他抛弃德国古典

哲学的思辨传统，力图从非理性方面寻求新的出路。他从康德的理论出发，认为康德所说的"物自体"就是意志，整个现象世界不过是意志的表象。在他看来，万物的存在和运动的根源就是求生意志，这种意志是人的生命基础。叔本华指出，康德分裂现象与物自体是错误的，因为现象同物自体的关系，就是表象同意志的关系。意志之所以表现为世上形形色色的具体现象，是由于各类事物的意志强弱程度不同和表现途径不同。叔本华把理性看作是意志的奴仆和工具。他列举了意志先于理性，理性服役于意志的12个论据，断言依靠理性或逻辑思维不能认识世界的本质（即意志），只有直觉才是认识世界的唯一途径。

叔本华研究过印度哲学，他吸取了佛学思想，认为科学和哲学在意志领域已达到了极限，只有依靠神秘的洞察，才能领悟意志的本性；只有以禁欲为起点，尔后忘我，最后忘掉一切，进入空幻境界，才能超脱生存意志及其一切烦恼。

叔本华从其"求生意志"的哲学前提出发，认为人的本质是求生意志，是不可遏止的盲目冲动和欲求。人的一切行为都是由这种非理性的、盲目的求生意志支配的。但是人的欲海难填，欲望不能满足，就会产生痛苦，所欲愈大痛苦愈烈。不仅有欲望得不到满足的痛苦，而且满足欲望之后的空虚和随之而来的欲求，仍然是痛苦的。

他反对一切理想观念和普遍义务，强调同情心是道德行为的最坚实和最可靠的保证，是最重要的德行基础，并且只有发扬同情心才能遏制私欲和相互残杀，解脱人类的痛苦和不幸。叔本华认为哲学和艺术的精神解脱还只是暂时的、消极的；而最根本的、积极的解脱则是否定个体意志，弃世绝欲，达到佛教的涅槃境界，使没有价值的个体复归于宇宙的绝对意志，实现道德的最高理想。

叔本华的伦理思想暴露了19世纪50年代后德国资产阶级和小资产

阶级悲观失望的颓废情绪,他的唯意志论和非理性主义伦理思想体系,对F.W.尼采的权力意志论产生了直接影响,并成为现代西方生命哲学、存在主义思潮的重要思想渊源。

叔本华深受柏拉图、康德和佛教的影响,企图把三者的思想融合起来。他认为康德所说的"物自体"就是意志,人受盲目的求生意志的支配,不断追求,始终得不到满足,因而产生苦恼和烦闷。解脱之道,一是佛教的涅槃,二是哲学和道德,三是艺术。因此,艺术在叔本华的哲学中占有突出的地位。

叔本华认为科学研究是为了满足需要和欲望,而艺术则是一种观照。

尼采

在这种观照中,对象不是现实生活中的个别事物,而是柏拉图式的理式,主体也不再是某一个别的人,而是不受意志奴役、没有痛苦、没有时间意识的纯主体。纯主体通过直观与审美对象达到物我两忘的状态,就从现实的苦海中解脱出来。美不美的关键在于有没有审美的态度,一切审美态度都是无利害感的。科学只研究现象界的规律,艺术则直指现象界后面的物自体,因此艺术高于科学。在各种艺术中,叔本华又认为音乐比其他艺术效果强烈得多,深入得多,因为其他艺术只是理式的表现,而音乐却是意志的直接客体化和写照。他也非常重视悲剧,这是因为悲剧所写的是人生的可怕方面。悲剧的目的不在于改变人生的不幸,而在于把人生的不幸揭示出来,使人认识到人生是一场噩梦,无可留恋,因而断念。断念是对于生存意志的拒绝或否定。这反映了叔本华美学的悲观主义倾向。

叔本华影响了尼采、萨特等诸多哲学家，开启了非理性主义哲学的大门。尼采十分欣赏他的作品，曾做《作为教育家的叔本华》来纪念他。瓦格纳也把歌剧《尼伯龙根的指环》献给叔本华。莫泊桑则认为他是"人类历史上最伟大的梦想破坏者"。

1860年9月21日，叔本华去世。葬于法兰克福市公墓。

叔本华死后，有关他的哲学讲座逐渐将黑格尔排挤了出去。他一时成了德国最时髦的哲学家。到1891年，《作为意志和表象的世界》就已再版了18次。

叔本华的主要著作有《论充足理由率的四重根》（博士论文）、《作为意志和表象的世界》（完成于28岁）、《附录与补遗》（作为《作为意志与表象的世界》的附录与补遗，收录他的大部分短文）、《论道德的起源与基础》、《论自然意志》、《伦理学的两个根本问题》等。

科技精英

现代大学之母——柏林大学

铀裂变的发现者哈恩

奥托·哈恩，铀裂变的发现者，1944年诺贝尔化学奖获得者。

1879年3月8日，奥托·哈恩出生于德国莱茵河畔的法兰克福，祖辈一直从事农业生产，到了他父亲这一辈成了企业主和房产主。铁血首相奥托·冯·俾斯麦的经济政策符合这些新兴德国资产阶级的利益，因此哈恩的父亲给儿子起了和这位首相相同的名字。

奥托·哈恩上学时是一位好学生，但并不是十分优秀。他喜欢科学实验，特别偏爱化学，曾在家里的洗衣房建起了化学实验室。

父亲希望儿子能够成为一名建筑师，但哈恩却希望自己能到一家大型化学企业工作。哈恩的求学和工作历程也与众不同，他大学时的化学老师便是阿道夫·冯·贝耶

奥托·哈恩

科技精英

走进科学的殿堂

尔，德国有机化学合成的奠基人之一，1905年诺贝尔化学奖获得者。在这样的老师指导下，哈恩的进步是可想而知的了。

1901年，哈恩获得马格德堡大学有机化学博士学位，做了两年的助教之后，一家化工厂的经理汉斯·费雪正在为工厂物色一位有才干的青年化学家，哈恩被看中了。这位化工厂的经理就是德国第一个诺贝尔化学奖获得者埃米尔·费雪的父亲。若干年后，哈恩又被介绍到费雪手下从事研究工作。

老费雪期望哈恩能了解一些国外的情况，于是哈恩来到英国伦敦大学化学研究所，在拉姆塞手下工作。拉姆塞并非一般人，他是惰性气体的发现者，并因此获得了1904年诺贝尔化学奖。

一开始，哈恩到英国只是想了解一下化学发展的情况，但是没想到却被拉姆塞看中了。拉姆塞向哈恩建议道："你到镭实验室工作怎么样？"哈恩面有难色："我对镭的放射性一无所知，对放射性物质从来也没有研究过呀。"拉姆塞听了这些之后哈哈大笑："没有研究过，这样更好！可以没有任何偏见地对待发现的问题。会更公正一些。"

卢瑟福

旁观者清，这一次还真叫拉姆塞看对了。哈恩很快就取得了出色的成果，他从拉姆塞交给他的材料中发现了钍的一种新的放射性同位素。这当然是非常幸运的。有了这样不凡的成绩，哈恩就不再想进入化学工业界了。

为了更深入地研究，拉姆塞把他介绍到卢瑟福那里工作。卢瑟福是

科技精英

76

1908年诺贝尔化学奖获得者。

哈恩在卢瑟福手下又有了新的发现，他发现了放射性元素钢转化的新产物，开始卢瑟福不相信，对这项发现持怀疑态度。但是，哈恩成功地说服了他。此后，卢瑟福对哈恩的工作更加满意。

1914年，第一次世界大战爆发了，德国是主要参战国，为了打胜这场战争，德国实行了总动员。哈恩虽然已经有点名气了，但也被作为"副司务长"征召入伍，分配到哈伯那里服役。哈伯原来是物理化学研究所所长，是德国很有名的化学家，因为发明了从空气中的氮合成氨的方法，获得1918年诺贝尔化学奖。氨可以用来制造炸药和高效化肥，对农业、工业的发展有很大的作用。但是哈伯在第一次世界大战中的表现却受到全世界具有正义感的科学家的一致谴责。

哈恩亲眼看到了哈伯的悲剧，内心世界受到了巨大的震撼。他发现的"重核裂变反应"被人们用来制造原子弹，是他一生中最痛心的事。1945年8月6日，蘑菇云在日本广岛上空升起，一瞬间7万多人死亡，6.8万人受伤。原子弹爆炸之后，中心点附近的建筑物几乎荡然无存，瞬间化为一片废墟。

这是美国第一次使用原子弹，也是世界史上极为惨痛的一页。在广岛投下的原子弹装有10公斤铀235，相当于1.25万吨TNT炸药的威力。

第二天消息传到了英国一所古老的庄园，在那里关押着从德国俘虏来的很多科学家，他们或多或少都与德国研制原子弹有点关联，这个消息使一个人大吃一惊。

"多少万人的生命一瞬间就完了，原子弹真是太可怕了。"这位名叫哈恩的化学家大声地嚎叫起来，此人便是铀分裂的发现者，铀的分裂直接导致了原子弹的爆炸。在所周知，世界上最早的原子弹是美国人制造和爆炸的,但是很少有人知道原子核裂变这一震惊世界的秘密是被德国人奥托·哈恩所发现的。

第一次世界大战后,哈恩又回到研究所与迈特纳一起工作。迈特纳是哈恩1907年遇到的奥地利的物理学家,哈恩是学化学的,很需要一位物理学家的帮助。

1934年,意大利物理学家费米(1938年诺贝尔物理学奖获得者)用慢中子轰击92号元素铀,以为得到了93号元素。虽然这是一个错误的结论,但是当时的许多科学家都认为这是一个很重要的发现。

德国化学家依达·诺达克对费米的"发现"表示了怀疑,并提出一个猜想,认为可能是铀原子核发生分裂碎成几块了。这个观点科在当时并没有被学

意大利物理学家费米

家们重视,大家都认为中子能量极小,不可能把铀原子核撞开。就好像一颗子弹不可能把一块钢板打碎并分裂成两三块一样。

诺达特与哈恩是朋友,期望哈恩对此能够给予重视,哈恩却相信费米的"发现",把诺达特的猜想斥之为谬论。

居里夫妇的女儿伊伦娜(1935年诺贝尔化学奖获得者)认为诺达特的意见可能有道理,并在实验中发现铀原子核真的分裂了。

但顽固的哈恩一点也不相信伊伦娜的发现,考虑到伊伦娜是居里夫妇的女儿,他便私下写了一封信给伊伦娜,极为含蓄地建议她最好能更

细致地重做一次实验。

伊伦娜深信自己的实验结果，她又发表了第二篇文章，进一步肯定自己的实验结果。哈恩认为伊伦娜太不知好歹，甚至生气地对助手斯特拉斯曼说："这个法国女人的文章再没有必要读了！"

1938年秋，哈恩的亲密伙伴迈特纳不得不逃离德国，因为她是一个犹太人。一天，斯特拉斯曼把伊伦娜的第三篇文章拿到哈恩面前。哈恩轻蔑地哼了一声："扔到废纸篓里去！"但是斯特拉斯曼却坚持哈恩必须阅读并说道："伊伦娜教授的观点是正确的，我们全都错了！"这对哈恩来说简直是晴天霹雳，伊伦娜这个法国女子居然对了！等到哈恩仔细研究伊伦娜的文章之后，不由倒吸了一口凉气，千真万确，伊伦娜是正确的。

于是，哈恩重新开始实验。通过实验，他更感觉到伊伦娜的观点是正确的。伊伦娜用实验证实了中子轰击铀之后，确实得到比铀轻许多的元素，但这到底是什么元素，伊伦娜并没有最终确定。经过实验，哈恩很快就搞清楚了伊伦娜没有弄清楚的产物是钡。钡原子量大约为铀原子量的一半左右。铀原子核真的被中子撞得分裂了。哈恩既高兴又惭愧，高兴的是自己终于又回到正确的观点上了，并得到了结果；惭愧的是几年前甚至几天前他还在嘲笑那些坚持正确观点的人。

证明这个结果后，哈恩第一时间想到了迈特纳。虽然化学分析已经有了结果，但是在物理解释上却没有多大把握，他决定写信询问一下迈特纳的意见。

哈恩明白这是一个非常重大的发现，应当尽快发表。他急告《自然科学》杂志主编"务请留下版面"。12月22日，哈恩将稿件寄出。此时哈恩心神不定，因为迈特纳还没有回信，从物理学角度来看铀原子核分裂能否成立仍然还是一个疑问。

走进科学的殿堂

庆幸的是，迈特纳的回信很快来了，她认为像铀这样的重核分裂是极有可能的。

哈恩激动的心情终于平静下来了。不久，哈恩的伟大发现震惊了全世界。

哈恩一生与许多诺贝尔奖获得者打交道，他从这些人身上学到了很多有益的东西，也吸取了不少教训。在与他们争论的过程中，他们共同发现了真理。他的一生与诺贝尔奖获得者结下了不解之缘，最后，自己也成长为他们中的一员，成了一名诺贝尔奖获得者——1944年获诺贝尔化学奖。

日本广岛被原子弹轰炸后的可怕场景

哈恩的主要工作经历：1907—1933年，任德国柏林大学教授；1928—1945年，任德国凯撒·威廉化学研究所教授；1946—1960年，

任马克斯·普朗克科学促进协会主席。

哈恩的主要著作有：《应用放射化学》、《从铀的自然蜕变到人工分裂铀》、《新原子，进展和回顾：注文选集》、《放射性和地球的历史》。

1968年7月28日，奥托·哈恩死于德国哥丁根，享年89岁。

走进科学的殿堂

核酸的开拓者科塞尔

科技精英

1853年9月16日,阿尔布雷克特·科塞尔出生于德国的罗斯托克。父亲阿尔布雷克特·科塞尔曾经过商,也当过领事,母亲是克拉拉·杰佩,科塞尔是他们的长子。

科塞尔的父亲很有远见,对子女的教育也非常严格,尤其是对自己的长子科塞尔。科塞尔在中学时十分喜爱植物学,常常跑到郊外的田野上玩,并采集成标本,视之为自己的最爱。按照父亲的意愿他才读了医学,进了新成立的斯特拉斯堡大学。他非常崇拜德国著名生理化学家F. 霍佩-赛勒。他暗暗下定决心,一定要与F. 霍佩-赛勒一起工作。

科塞尔

1878年,他从斯特拉斯堡大学医学系毕业获医学博士学位。1881年被任命为生理化学和卫生学讲师。1883年E. H. 杜布—雷蒙任命他为柏林生理研究所化学室主任。1887—1895年,科塞尔任柏林大学教授;1895—1901年,任马尔堡大学生理研究所的教授和所长。1901年,科塞尔接替W. 屈内任海德堡大学生理学教授。

1886年，科塞尔与霍尔茨曼结婚，育有一子一女。他特别重视培

斯特拉斯堡大学

养孩子们严格认真、严守秩序的作风，缜密的思想方法，明快而全面地表述自己观点。也许，科塞尔是受其父的影响，继承了父亲的良好作风。他特别严格要求自己的孩子。记得有一次，他的儿子在做作业时，其中一道题，要分几种情形来考虑，他儿子却忽视了这一点，只是看作一种情况进行解题，被科塞尔发现，严厉地批评了一次。此后，他儿子再也没有犯同样的错误了。科塞尔这样的严格要求，使得他的儿子W. 科塞尔很早就走上了科学研究的道路，取得了许多令人瞩目的成绩，并成了世界著名的理论物理学家。科塞尔不仅这样要求子女，对待自己的学生也一样，有时甚至更严。他的学生 P. A. 莱文深有体会。有一次，

他在做核酸研究时，因不小心和疏忽，导致了一组不完整实验，只好重新测试。当时，科塞尔并没有发现，事后被科塞尔知道了，科塞尔单独找了他，整整训了一个下午。后来，他的学生 P. A. 莱文对核酸的研究作出了重大贡献。

科塞尔在蛋白质、细胞、细胞核化学方面作出了卓越的贡献，是最早将化学分析方法用于阐明生命组织化学过程的人之一，也是核酸研究的开拓者之一。

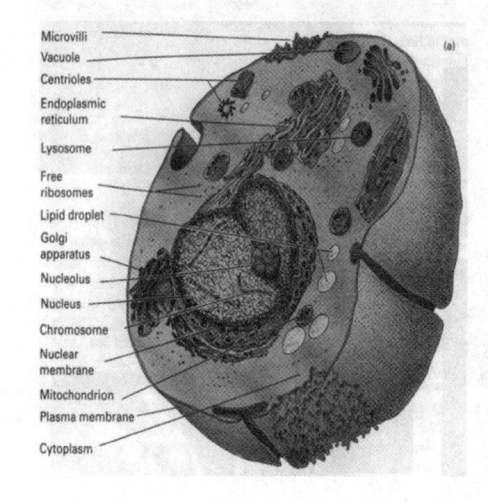

他从事的领域是生理化学，特别是组织化学和细胞化学。他早期研究盐的扩散以及血纤维蛋白的胃蛋白酶降解。1879年转而研究 J. F. 米歇尔 1869 年发现的核质（核蛋白体）。在 1885 年到 1901 年间，科塞尔和他的学生发现了除鸟嘌呤以外的核酸中常见的其他 4 种碱基，即腺嘌呤、胸腺嘧啶、胞嘧啶和尿嘧啶。他证明了上述的各种碱基以用碱基分析的方法区分来自细胞核的核质和来自奶汁与蛋黄的"核质"，他把后者称为副核质。他认为次黄嘌呤是腺嘌呤的次级产物，不是核酸的原始组分；胸腺来源的核酸由 4 种碱基（胸腺嘧啶、胞嘧啶、腺嘌呤和鸟嘌呤）以及磷酸和六碳糖三部分组成，并且碱基、磷酸和六碳糖的分子比是 1∶1∶1。

细胞结构图

1893 年，他提出酵母来源的核酸所含的碳氢化合物是五碳糖。同年，他认识到染色质是由核酸和组蛋白组成的。他根据生理学的研究得出结论，认为核质既不起储藏物质的功能，也不为肌肉收缩提供能量，很可能核质与新组织的形成有关。他发现胚胎组织中核质的含量特别高。他还从生理学研究中发现尿酸更接近于核质的降解产物，而不是蛋白质的降解产物。

在研究核酸的同时，他还从事核质中蛋白质组分的研究。1884年，科塞尔从鹅的红细胞核中分离出了一种类似于米歇尔称为鱼精（即鱼精蛋白）的物质，并该物质命名为组蛋白。他把组蛋白看成是胨，并证明了组蛋白的分解产物中有亮氨酸和酪氨酸。当他检查鱼精的主要成分时，发现鱼精的成分与组蛋白相似。在性质上鱼精也是一种蛋白质，它的分解产物中除赖氨酸、精氨酸外，还有一种他命名为组氨酸的新的氨基酸。采用自己设计的定量方法，他还对各种不同鱼类的鱼精蛋白进行了比较研究。研究表明，一氨基—羧酸和二氨基—羧酸的比例在各种鱼精蛋白里是不同的。借助于对小到精氨酰—精氨酸这样的蛋白质分解产物的鉴定，他尝试过对氨基酸序列的推测工作。科塞尔因在蛋白质、细胞、细胞核化学方面的贡献，而获得1910年的诺贝尔生理及医学奖。

他总是热衷于把生理功能和化学描述结合在一起，寻求把蛋白质化学的静态世界运用到生理学的动态世界中去。基于所有蛋白质都以一个二氨基—羧酸为核心的设想，他推出一种蛋白质合并的模式：在胚形成期间，一氨基—羧酸被逐个加上作为核心的二氨基—羧酸用来形成配子的核精蛋白。作为霍佩—赛勒最成功的学生之一，他继续发展了德国生理化学的传统。他从自己的化学发现中提出，蛋白质的反应性取决于分子暴露部位残基的化学反应性，某些特异的基团会参与特定的蛋白质反应。人们从他1912年的赫特基金演讲中可以发现，他当时已清楚地认识到多肽的多样性，并已看出生物特异性的化学基础是蛋白质的结构。但是受到当时技术方法的限制，他无法把自己的想法进一步地向前推进。

走进科学的殿堂

在核酸研究方面，他也存在一定的不足之处。他把胸腺来源的核酸五碳糖误认为是含六碳糖；他认为蛋黄中含量很高的副核质分子，只要简单地加上一些黄嘌呤碱基就可成为核质，这一错误的观念降低了他区分核质与副核质的价值，也使得核质与副核质的观念在当时不能被人们所接受。在核酸研究上最大的失误是，他虽然认识到核质与新组织的生成有关，但他当时并没有认识到核质就是遗传物质。相反，他认为核质并不重要，他本人也因此于1905年改行研究细胞核中的碱性蛋白质。但是，他在核酸方面的研究成果无疑使他成为核酸化学奠基人之一。

科技精英

海德堡风光

科塞尔的主要著作有：《医学化学入门》《人体组织及其显微研究》《精蛋白与组蛋白》《关于核及其分裂产物研究》等。

1927年7月5日，科塞尔逝世于德国海德堡。

献身科学的天才瓦尔堡

奥托·海因里希·瓦尔堡，1883年10月8日出生于德国巴登—符腾堡州的弗赖堡一个书香之家。父亲是著名的实验物理学家，堂叔是德国著名医生。生在这样一个学习、研究气氛很浓的家庭里的瓦尔堡，从小就受到科学的熏陶，养成了好学求知的习惯。瓦尔堡小时候还跟随父母走遍德国各大城市，游览了各地的名胜古迹，了解了各地的风土人情，这不仅使他增长了见识，扩大了兴趣，陶冶了性情，而且也磨炼了他的意志。

奥托·海因里希·瓦尔堡

瓦尔堡13岁那年，他的父亲被柏林大学聘请为物理学教授，全家迁居于柏林。父亲是一位非常有名的教授，家里常有当时德国的一流学者、科学家来访，讨论各种科学上的问题。每当这个时候，小瓦尔堡总是一声不响地坐在一旁仔细倾听，一双机灵的眼睛不断闪动，仿佛总在琢磨着什么东西。这种环境，对他后来走上科学道路并取得卓越成就，起到了不可估量的影响和作用。

当瓦尔堡考上柏林大学时，他询问父母自己学哪一科好。母亲说："最好继承父业，这样在学业上可以得到父亲的帮助。"但父亲不这么认为，他说："人各有志，我喜欢的，孩子不一定喜欢。"他对瓦尔堡说："孩子，我希望你自己拿定主意，选定自己所喜欢的专业。"

柏林风光

瓦尔堡经过反复考虑，首先选定化学作为攻读科目。在埃米尔·费雷教授的悉心指导下，瓦尔堡学习勤奋，实验专心，各门功课的成绩都名列前茅，成为全校有名的才子。

埃米尔·费雷教授学识渊博、成就卓著、声望很高，是1902年诺贝尔化学奖的获得者，1914年，他又被提名为诺贝尔生理学及医学奖候选人。费雷教授既是伯乐，又是严师，他既赏识瓦尔堡，又对他要求极其严格。例如有一次费雷教授让瓦尔堡做一项实验，先让他做了3次，又让他再做5次，接着又对他说："现在再做25次吧。"瓦尔堡对老师的要求坚持照办，一丝不苟。严师出高徒，瓦尔堡进步很快。20

岁刚出头的瓦尔堡就写出一篇水平很高的毕业论文，发表后，引起了科学界的重视。瓦尔堡大学毕业后，费雷教授又欣然收留他当研究生，从事多方面的研究。1906年，在费雷教授的倾心指导下，23岁的瓦尔堡获得了柏林大学化学博士学位。

因研究工作的需要，瓦尔堡离开了全心帮助指导他的恩师费雷教授。也许你无法体会那种心情。刚刚成人的瓦尔堡就与费雷教授朝夕相处，他们既是师生关系，又是一种特殊的朋友关系，在相处的日子里，瓦尔堡被费雷教授的人格魅力、丰富的学识和勇于工作的精神所深深折服。特别在工作中，费雷教授那种治学之风和工作精神，对于瓦尔堡来说是无法用金钱来衡量的。但天下没有不散的宴席，更何况是为求真理呢？瓦尔堡依依不舍地来到了海德堡。在冯克·雷尔的指导下研究氧化过程问题。在冯克·雷尔帮助下，1911年，瓦尔堡很快获得了海德堡大学医学博士学位。那年，瓦尔堡才28岁！这一方面得益于他良好的家庭环境，另一方面得益于他的勤奋、钻研，更得益于费雷教授。

埃米尔·费雷

1919年，第一次世界大战结束，瓦尔堡被任命为凯泽·威廉生理研究所教授，开始了关于呼吸酶的创造性研究。这是一项难度极大的课题，既没有现成的实验方法，又没有研究仪器。他只得自己动手摸索实验方法，研制实验仪器。

他知难而进，科学有险阻，苦战能过关。经过两年的艰苦奋斗，所

走进科学的殿堂

有的努力并没有付之东流,他成功地创立了一系列重要的生化研究方法,对解决生物化学和细胞生理学中的许多重大课题发挥了极其重要的作用。就拿被后人誉为"瓦尔堡呼吸器"的生化测压法来说吧,至今还被广泛采用。瓦尔堡利用自己创立的生化研究方法和自己研制的仪器成功地研究了细胞呼吸酶的性质及其作用。瓦尔堡关于所有生物细胞中都含有铁的发现,把细胞呼吸本质的研究推向了新阶段。

正是由于这一巨大成就,1931年瓦尔堡获得了诺贝尔生理学及医学奖金。同年,瓦尔堡任柏林普朗克细胞生理研究所所长。

然而,瓦尔堡在成绩和荣誉面前并不满足,没有止步,仍一如既往,更加勤奋地工作。经过不懈的努力,1933年他又发现了另一种呼吸酶——黄酶,后来又发现了辅酶。

为了保证科学研究的顺利进行,瓦尔堡非常注意锻炼身体。身体是

英国伦敦海德公园

工作的保证，瓦尔堡深知这一点。瓦尔堡喜欢骑马、划船和散步，所以他身体一直非常健康。1965年英国伦敦海德公园赛马场发生惊马事件，在场的观众都惊得目瞪口呆。在十分危急的时刻，当时已经82岁的瓦尔堡竟挺身而出，制伏了惊马，使目击者叹为观止。德国法西斯迫害科学家和杀害犹太人时，他表示极大愤慨，并多次愤然出走国外，以示抗议。

瓦尔堡一生不慕名利，为了专心科学研究，几乎谢绝了一切与科学研究无关的职位、荣誉和活动。他一生研究的领域达40多个，以自己的渊博学识和优良治学作风造就了新一代科学家。1970年8月1日，瓦尔堡在柏林逝世。

瓦尔堡的主要著作有：《肿瘤的代谢作用》、《活性物质的催化作用》、《作为酶作用基的重金属》、《癌的主要原因及预防》、《酶的活性基》、《光合作用》等。

走进科学的殿堂

诺贝尔化学奖"第一人"范特霍夫

雅可比·亨利克·范特霍夫，1852年8月30日诞生于荷兰的鹿特丹市，父亲是当地一位颇有名气的医生。在家里的7个孩子中，范特霍夫排行老三。

上中学时，他看到在实验室中做的各种变幻无穷的化学实验非常有趣，因此总想知道其中的奥秘。看别人做，太不过瘾了，他希望自己也能动手做。

一天，范特霍夫从化学实验室外的窗子前经过，他忍不住往里面看了一眼，那整整齐齐排列的实验器皿、一瓶瓶化学试剂是那么的诱人。他的双脚不知不觉地停了下来，"要能进去做个实验多好啊"。突然，他发现一扇窗子开着，大概是做实验时为了通风开的吧。小范特霍夫迟疑了片刻，便纵身跳上了窗台，钻到实验室里去了。

他支起铁架台，把玻璃器皿架在上面，便开始寻找试剂。

雅可比·亨利克·范特霍夫

科技精英

现代大学之母——柏林大学

他全神贯注地看着那些药品所引起的反应，一切都在顺利地进行着。发自内心的喜悦使他的脸上露出了会心的笑容。"我成功了，成功了！"他默默地说道。

实验室内的声音，引起了老师的注意。老师从窗口望去，看到范特霍夫正在那儿专心致志地做实验呢。这是校规所不允许的。老师没有惊动范特霍夫，怕他在惊慌中发生什么危险，便绕到门口，把门打开。听到开门声，范特霍夫才从"化学实验梦"中惊醒，他目瞪口呆地站在那里。

"快把实验停下来！谁叫你来做实验的？"老师再也无法忍耐了，这是重大的事件。"快，赶快把一切用品都放到原来的位置上。"老师一边命令范特霍夫，一边自己也动起手来。

一切收拾完毕，老师把范特霍夫叫到面前，语重心长地说："你知道今天犯了什么错误吗？这件事要是报告校长，那是要受处分的。再说出了危险你的父母也要责备学校。赶快回家，把你的父亲找来，我要对他说这件事。"

鹿特丹风光

科技精英

93

走进科学的殿堂

范特霍夫的父亲对儿子的行为很不赞成,虽然出发点是为了求得知识,但是方法却十分不好,违反了学校的规定。

幸好,这位老师念及范特霍夫平时是一个勤奋好学又尊重老师的学生,就没有把这件事报告给校长。

范特霍夫的父亲从这件事中得知儿子很喜欢化学,就从家里整理出一间房子作为工作室,专门供儿子做化学实验。

从此,范特霍夫就开始"经营"自己的小实验室。他把父母给他的零用钱和从其他亲友那里得到的"赞助"积攒起来购买了各种实验器具和药品,并利用课余时间从事自己的化学实验。

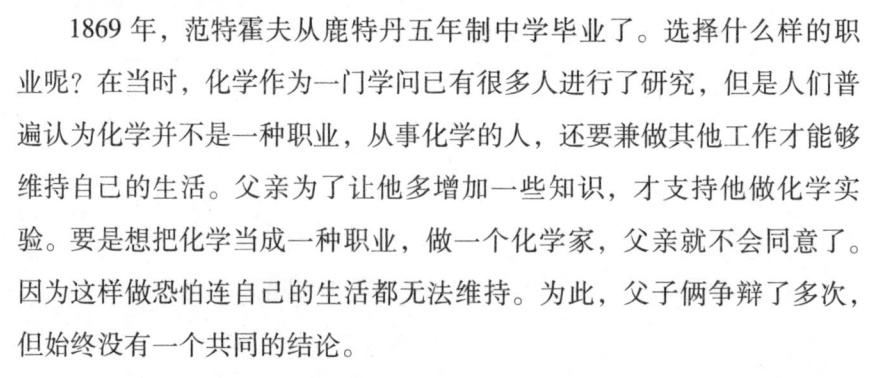

1869年,范特霍夫从鹿特丹五年制中学毕业了。选择什么样的职业呢?在当时,化学作为一门学问已有很多人进行了研究,但是人们普遍认为化学并不是一种职业,从事化学的人,还要兼做其他工作才能够维持自己的生活。父亲为了让他多增加一些知识,才支持他做化学实验。要是想把化学当成一种职业,做一个化学家,父亲就不会同意了。因为这样做恐怕连自己的生活都无法维持。为此,父子俩争辩了多次,但始终没有一个共同的结论。

一天晚饭过后,父子俩又开始讨论这个老话题了。

"中学毕业了,你打算上哪个学校?"父亲心平气和地问道。当然,选择学校也就是选择职业了。

"学习化学对我比较合适,爸爸,你说对吗?"儿子说出了心里话。

父母并不想让他成为一个化学家,而想把他培养成一名工程师。几经周折,范特霍夫进入了荷兰的台夫特工业专科学校学习。这个学校虽然是专门学习工艺技术的,但讲授化学课的奥德曼却是一个很有水平的教授。他推理清晰,论述有序,很能激发人们对化学的兴趣。范特霍夫在奥德曼教授的指导下进步很快。由于范特霍夫的努力,仅用了2年时间就学完了别人 3 年才能学完的课程。1871 年，范特霍夫从台夫特工业专科学校毕业，他终于说服了父母，可以全力进行化学研究了。

为了打好基础，找准研究的方向，必须拜师学习。范特霍夫只身来到德国的波恩，拜当时世界著名的有机化学家佛莱德·凯库勒为师。佛莱德·凯库勒是个非常传奇的化学家，他在梦中见蛇在狂舞，首尾相接，从而解决了苯环的结构。在波恩期间，范特霍夫在有机化学方面受到了良好的训练。随后，他又前往法国巴黎向医学化学家伍兹请教。1974 年他回到荷兰，在乌特勒支大学获得博士学位。从此他就开始了更深入的化学研究工作。

佛莱德·凯库勒

1876—1877 年，范特霍夫在荷兰台夫特兽医学校任教；1877—1878 年，任荷兰阿姆斯特丹大学教授；1878 年，任该校化学系主任；1878—1896年，任德国莱比锡大学教授；1896—1911 年，任德国柏林大学教授。

范特霍夫提出了碳的四面体结构学说。过去的有机结构理论认为有机分子中的原子都处在一个平面内，这与很多现象是矛盾的。范特霍夫的理论纠正了过去的错误。

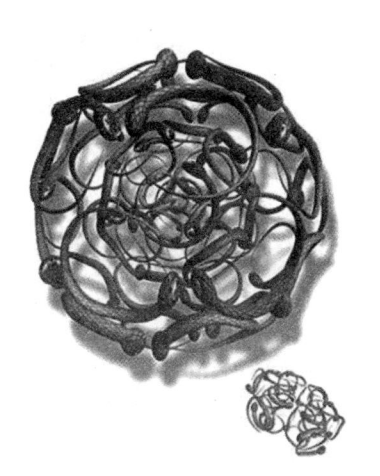

苯环结构图

但是这一新的理论却遭到了一些化学界权威人士的反对，当时德国的有机化学家哈曼·柯尔比就是其中一个。这位老科学家在没有认真研究的情况下，就毫无根据地把范特霍夫斥责了一顿。范特霍夫对这位老先生的高论嗤之以鼻，不屑与其辩论。这气坏了老柯尔比，他非要与范特霍夫一比高低不可。

莱比锡大学校园一景

范特霍夫本来就想与这些化学界的权威们一争高低，因为事实是迟早会说话的。既然柯尔比不远千里从德国来到荷兰，那也只好以礼相见了。毕竟范特霍夫是晚辈，当柯尔比气势汹汹地冲进范特霍夫的办公室时，范特霍夫已经恭恭敬敬地在那里等候他了。待柯尔比的火气稍稍减退之后，范特霍夫心平气和地向他陈述了自己的观点，并请柯尔比用事实来批评自己的理论。

这位老权威暗暗地吃了一惊，眼前的年轻人讲述观点时条理清楚，

论证有理有据，不能不服。柯尔比毕竟还是讲道理、讲事实的。平心而论，范特霍夫的理论是正确的，他刚来时的火气完全烟消云散了，而且他还盛情邀请范特霍夫去普鲁士科学院工作。

范特霍夫实事求是、谦虚谨慎的态度使很多人都能心悦诚服地接受他的理论。1901年，瑞典皇家科学院收到的20份诺贝尔化学奖候选人提案中，有11份提名范特霍夫。这一年的诺贝尔化学奖颁发给范特霍夫，他是当之无愧。

1901年12月10日，对于范特霍夫来说是一个值得纪念的日子。对于人类也同样是一个值得纪念的日子，这一天，首次颁发诺贝尔化学奖，范特霍夫是第一位诺贝尔化学奖的获奖者。非常有趣的是，范特霍夫创立的碳四面体结构学说并不是获奖原因，而是他的另外两篇著名论文《化学动力学研究》和《气体体系或稀溶液中的化学平衡》使他获得了首届诺贝尔化学奖。

范特霍夫的主要著作有：《立体化学》、《关于有机化学的观点》、《化学动力学研究》、《稀薄气体系中的化学平衡》、《理论化学与物理化学讲义》、《渗透压强和化学平衡》等。

1911年3月1日，范特霍夫在柏林附近的斯特利茨逝世。终年59岁，那时他一直在柏林大学任研究教授，在那里他走完了自己的人生之路。

走进科学的殿堂

人体代谢规律的提出者李普曼

弗里茨·艾伯特·李普曼,美国康涅狄格的西哈特福德人,1899年6月12日出生于德国普鲁士首都哥尼斯堡。他生活在一个经济宽裕的家庭,父亲L. 李普曼是一位名望很高的律师,母亲名叫C. 拉赫曼斯基。哥哥H. A. 李普曼比他长两岁,一生从事戏剧表演和诗词创作。1929年初冬,李普曼在柏林的一次晚会上与一名美籍女子E. M. 霍尔结识,他们于1931年夏前往美国纽约结婚,1945年生有一子S. 李普曼。在他逝世之前还有一个孙女。

弗里茨·艾伯特·李普曼

李普曼1917年起在柯尼斯堡、慕尼黑、柏林等地的大学学医。1918年5月因第一次世界大战而应征服役到前线医护伤员,10个月后退役。于1919年重新开始学习。他的哥哥海因茨在慕尼黑大学学习文学。以后李普曼又到柏林大学学习了半年,但又转回到哥尼斯堡大学并于1920年毕业。

1924年,李普曼在柏林大学获得医学博士学位。接着在阿姆斯特丹大学从事药物学实验工作半年后返回家乡,入柯尼斯堡大学进修化学3年。1927年,李普曼进入柏林达莱姆德皇恺撒·威廉研究所,在生理学部 O. 迈尔霍夫实验室从事中间代谢研究。由于在氟化物抑制磷酸酶、糖酵解和氧化呼吸链等方面的出色工作，他取得了与该所联合的夏洛坦贝格理工学院的博士资格，在该所唯一的兼职教授 K. 纳伯格的指导下，于 1929 年获得化学博士学位，并任助理研究员。

慕尼黑城市风光

1930 年，李普曼转到该所生物学部，在 A. 费歇尔实验室任组织培养和中间代谢助理研究员。1931 年，李普曼因费歇尔去丹麦哥本哈根筹建研究所，被安排去美国纽约洛克菲勒医学研究所工作一年。1932 年秋，他到费歇尔筹建落成的丹麦哥本哈根的卡尔斯贝格生物学研究所任组织培养和中间代谢副研究员。

在工作中，李普曼接触到葡萄糖果糖磷酸、肌酸磷酸、腺苷三磷酸、卵黄磷蛋白等多种磷酸化合物。尤其是在他的实验导师迈尔霍夫精心指导下，详细研究并肯定肌酸磷酸对肌肉收缩的作用，已敏锐地关注

走进科学的殿堂

到磷酸键与能量转换利用的密切关系。在费歇尔实验室研究糖的有氧氧化过程，进一步激发了他对能量代谢研究的兴趣。因而他在发现乙酰磷酸后，首先验证它是否可作为高能磷酸键供体。他在乳酸杆菌酶制剂反应体系中，加入丙酮酸、磷酸和腺苷二磷酸，发现丙酮酸氧化伴随产生腺苷三磷酸；用人工合成的乙酰磷酸和腺苷二磷酸，同样可以产生腺苷三磷酸，并与乙酰磷酸的消失成正比关系；腺苷三磷酸又可使乙酸活化从而起乙酰基供体作用。

科技精英

康奈尔大学校园一景

根据这些现象和其他有关报道，1941年，他提出腺苷三磷酸作为生命体能量载体的假说。李普曼认为腺苷三磷酸不但可以用于产热，安的高能键还可以传递能量供合成生物大分子的需要，并且首创使用高能键的符号"～"，如～P表示高能磷酸键。生物化学家们的大量研究表明，生物大分子的合成主要以腺苷三磷酸为能源，证实了李普曼的科学

预见。其假说被大家公认为能量产生、利用、贮藏和传递等的普遍规律。

以外，李普曼和他的同事们还详细地研究了许多其他含高能磷酸键的生命体化合物。他们成功地化学合成了尿素循环代谢中第一步反应的极不稳定中间物——胺甲酰磷酸。并且利用它作为高能的供体化合物，通过与鼠肝抽提物反应，顺利地进行天冬氨酸的胺甲酰化反应，此为核苷酸生物合成中的第一个中间产物反应。李普曼重返纽约，被聘为洛克菲勒大学教授后，对早期研究过的卵黄磷蛋白进行深入分析。他发现，高含量磷酸卵黄蛋白中磷酸基连接于丝氨酸的羟基上，当将其与腺苷二磷酸一起保温，可检测到腺苷三磷酸的产生。而在对免疫球蛋白的研究分析中发现蛋白内磷酸化酪氨酸也是富能化合物，与腺苷二磷酸反应，也产生腺苷三磷酸。他获得的这些结果和许多其他实验室的研究都进一步说明高能磷酸化合物的生命体能量贮藏利用和在生物大分子合成分解代谢中起着极为重要的功能作用，是生命体不可替代的关键性组成部分之一。这项研究和发现促使他认识到代谢作用与能量供应是密切联系在一起的。

由于欧洲战争的威胁，1939年李普曼移民到了美国，并在美国纽约康奈尔大学医学院生物系任生物化学助理和副研究员。1941年，李普曼发表的文章《磷酸键能的代谢产生和利用》在生理化学领域产生了极大地影响，而且这也是他自己事业的一个转折点。

那时，李普曼在美国波士顿哈佛大学医学院附属马萨诸塞总医院任生物化学副研究员，并开始对自己感兴趣的主题进行研究。在用乳酸杆菌的可溶酶研究丙酮酸氧化时，李普曼偶然用碳酸氢钠缓冲液代替常用的磷酸缓冲液，意外地发现丙酮酸氧化明显减弱。他对此现象进行深入研究分析，发现补加无机磷酸时，丙酮酸氧化回复。进一步用经乙酸缓冲液清洗除去可溶性酶制剂中的磷酸,证实丙酮酸的氧化完全依赖于无机磷酸。经过一系列研究包括人工合成验证,发现了丙酮酸氧化的新中间产物——乙酰磷酸。这不仅说明呼吸反应中也存在磷酸化合物,更重要的是乙酰磷酸的化学结构显示出它可作为乙酰基和磷酸基的两用供体。这个特点深深地吸引着李普曼,也为他后来发现辅酶A、乙酰辅酶A及高能磷酸键和提出能量载体学说等奠定了基础。

他利用从鸽肝抽提的高活性酶制剂,以苯胺酰化为模型,深入研究乙酰基化作用。他发现人工合成的乙酰磷酸不能作为乙酰基的直接供体,而用乙酸和腺苷三磷酸(ATP)代替乙酰磷酸,则观察到乙酰化反应。要是所用的酶制剂久放自溶或经透析,这种乙酰化活性丧失,但补加经煮沸处理的鸽肝,其上清液又恢复转乙酰基作用。这就表明存在一种热稳定的酰基载体化合物。进一步的实验发现,在此化合物存在下,透析过的脑抽提液也使胆碱乙酰基化,并证实此化合物在所有组织中普遍存在。这些事实提示,它是生命体的构成组分,但又有别于其他已发现的所有辅助因子。这是新发现的一种新的辅酶,李普曼将其命名为辅酶A(CoA)。他和同事们一起先后从猪肝、微生物等分离出这种辅酶。

李普曼经大量广泛的研究,包括纯化了细菌转乙酶并进行转乙酰化的成功研究及其他实验室的许多研究,其中也有我国生物化学家周廷冲当年在李普曼实验室所做的许多工作,都证实是辅酶A的唯一巯基连接活化的乙酰基,成为稳定的乙酰辅A。在利用鸽肝抽提物加辅酶A、腺苷三磷酸和柠檬酸反应时,李普曼和他的同事们发现柠檬酸被裂解并产生稳定的乙酰辅酶A和草酰乙酸。后者在克雷布斯研究发现的三羧酸循环氧化系统中是糖酵解代谢物——"活性乙酸"的受体化合物。这就表明辅酶A参与生命体中重要的代谢过程。后来,许多其他实验室脂肪酸、类固醇、氨基酸等的合成和分解过程机理研究中,充分证实

了稳定的乙酰辅酶A的存在及其具有极为重要的生物功能作用。

在长期的研究过程中，李普曼和他的同事们发现、分离并鉴定了糖酵解途径中丙酮酸与三羧酸循环连接中的关键性产物"活性乙酸"的载体——辅酶A，并证实辅酶A是通过唯一的巯基连接"活性乙酸"，成为稳定的乙酰辅酶A。通过对各种含磷高能化合物的大量实验研究而提出了生物体内能量产生、利用、转换和传递等的普遍规律，开创了生物能量学，对阐明生物体内代谢的能量利用和能量贮存赋予了新的内容。还对蛋白质生物合成的氨基酸活化和肽链延伸，以及硫酸活化肽类抗菌素合成方面工作进行了大量的成功研究。这也是他和同事们最主要的贡献。

哈佛大学校园一景

李普曼和他同事们的上述成功发现，有力地促进了糖分解中间代谢、能量产生的三羧酸循环氧化和能量贮藏利用的脂肪酸合成、分解等重要生物化学代谢过程机理的阐述。

李普曼从小就与他的哥哥不一样，特别在性格方面。他满头黑发，沉默寡言，喜好自己动手玩玩具。他的哥哥是金黄发，豪爽开朗，爱诗词和戏曲。他一生与从事戏曲表演及诗词创作的哥哥和画家 F. 塞巴亲密来往，为他科学事业成功获取了许多有益的启迪。李普曼在科学研究中严谨治学、深入细致，并且认真谨慎对待自己及同行的实验结果和发现。他一直与同事及学生们共同努力、友好相处。几十年来，他所指导过的众多科研同事和学生们在世界各地发挥着重要作用。李普曼的成功也带来了繁忙的讲演、授课、写文章等应接不暇的工作，但他一直认为实验研究是他一生最感兴趣、最喜欢的工作。

1957年，李普曼从自己取得成功之地——美国波士顿哈佛大学医学院附属马萨诸塞总医院转到纽约洛克菲勒大学，任洛克菲勒大学生物化学教授，开始蛋白质生物合成的有关方面研究。他和他的同事们研究的氨基酸活化，结果表明，氨基酸活化所需要能量来自腺苷三磷酸的焦酸解，而非其第三磷酸基的水解；活化氨基酸是连接到转移核糖核酸的三腺苷酸上，并传递活化氨基酸的能量给转移核糖核酸；证实了氨基酸的专一掺入肽链是由正、反密码子通过氢键配对决定的；分离纯化和鉴定了信息核糖核酸－3三磷酸鸟苷酸转移酶及其反应中间产物等。在肽链延伸过程机理研究中，李普曼和他的同事们着重建立利用多聚尿苷酸为信息模板、生物合成多聚苯丙氨酸的体系，发现、分离并鉴定了三个延伸因子（Tu, Ts, G）和证实 G 因子通过裂解鸟苷三磷酸提供能量，使肽链转位。

李普曼研究的另一方面工作是从生命起源角度考虑，探索硫酸活化和非信息模板依赖性的肽链合成。硫酸活化是利用腺苷三磷酸与同位素^{35}S 标记的硫磷酸解。这些结果显示了无机硫酸可在试管中被活化。他们的另一些实验也证实天然硫酸酯化合物如脑苷硫酸酯、软骨素酸酯等，在专一组织器官中存在和在肿瘤细胞中的异常变化。并且实验揭示了可酶促转硫酸基作用，产生特异的软骨素硫酸酯。

作为著名的生物化学家，李普曼的一生主要致力于生物化学领域的能量代谢和蛋白质、多肽合成机理等方面的探索研究。由于他和他的同事们首先发现、分离并鉴定了在糖、脂代谢与三羧酸循环氧化代谢连接中起极为重要作用的辅酶 A，他和英国生物化学家、三羧酸循环发现者 H. A. 克雷布斯共同分享了 1953 年诺贝尔生理学医学奖。

美丽的芝加哥大学校园

由于他在各项研究中作出了巨大的贡献，他还获得了 1948 年卡尔·尼尤贝格奖、1948 年米德·约翰逊奖和 1966 年美国国家科学

走进科学的殿堂

奖。他多次被各大学，如艾克斯—马塞尔大学（1947年）、芝加哥大学（1953年）、索邦—巴黎大学（1959年）、布兰代斯大学（1959年）、哥本哈根大学（1959年）、阿尔伯特·爱因斯坦医学院（1964年）、巴黎大学（1966年）、哈佛大学（1967年）和洛克菲勒大学（1971年）等授予荣誉学位。李普曼是美国国家科学院院士，是英国和丹麦的皇家科学院外籍院士，也是美国哲学会、哈维协会、日本生物化学会和美国生物化学会等的会员，并担任1960年至1961年的美国生物化学会理事长，还是德国生物化学会的名誉理事。

李普曼一生的主要著作有：《磷酸葡萄糖酸发酵》、《维生素B1降解中的有色中间体》、《丙酮酸脱氢作用和腺苷酸磷酸化作用间的联系》、《生物合成机制》等。

1986年7月25日，李普曼在美国纽约州波基普希逝世。

科技精英

年轻奇才阿道夫

阿道夫·冯·拜尔（1835—1917年），德国著名化学家，1905年诺贝尔化学奖获得者。

1835年10月31日，阿道夫出生在德国首都的一位陆军军官拜尔（Baeyer）的家里，他的父母殷切希望他能成为一个很有出息的人。

阿道夫家里是世代相传的文学之家，到父亲的时代，家里还同巴乌尔·海兹、卡贝尔和冯特涅等知名人士保持着来往。虽然生活在这样的环境里，但阿道夫却从小就对自然科学抱有兴趣，尤其喜好化学。

中学毕业后，阿道夫考入德国著名学府柏林大学，在柏林大学的头两年，

阿道夫·冯·拜尔

他专心学习物理和数学，1856年开始注重研究化学，1858年进入A.凯库勒的实验室工作。1858年获得柏林大学博士学位。他的博士论文《有机化合物凝结作用综合研究》，为化学研究开辟了一个新途径。

1859年的一天，普鲁士国王威廉四世特意为一位科学家在宫廷里举行大宴，他久闻这位科学家是一代奇才，因此亲自到宫门迎接。可

走进科学的殿堂

是，当他见到这位科学家时，不禁愣住了：他这么年轻。事后，他对大臣们说："没想到，这位誉满全欧的大学者，原来是个小青年哩！"这个小青年就是德国有机化学家，当时只有24岁的阿道夫·冯·拜尔。

19世纪60年代初，阿道夫研究尿素。1863年发明丙二酰酮（后成为大宗安眠药的母体）。1870年研究酚醛反应做出酚酞和荧光素。

1872年，阿道夫到新领土阿尔萨斯地区的斯特拉斯堡创办的大学里任化学教授，进行酞类色素的研究。1875年李比希逝世，阿道夫作为J.李比希的继承人进入慕尼黑大学任化学教授直至逝世。阿道夫着重实验室工作。阿道夫继承了慕尼黑化学教学实验室的领导工作，并将其发展和扩大，确定为以后40年的工作据点。这一期间，他虽然受到来自柏林的招聘，但是由于他厌恶那里的军国主义气氛，一点也不想离开这个发展中的地方。

李比希

他把伊萨尔河畔的城市作为埋骨之地。在以后的工作中，他取得了丰硕的成果，造就了大批人才。

1865—1885年，阿道夫开始研究燃料，最出色的工作是靛蓝。1881年，他得到了英国皇家学会的戴维奖章。1905年，由于他在有机染料和芳香烃化合物方面的成就，获得诺贝尔奖金。他还得到过柏林化学家代表大会的李比希奖。

1917年的夏天，已达82岁高龄的阿道夫在施塔恩贝格湖畔的家中逝世。

科技精英

海王星的发现者伽勒

　　伽勒（1812—1910 年），德国天文学家。1812 年 6 月 9 日生于萨克森。1830 年进入柏林大学学习天文学。1845 年获得博士学位。曾任柏林天文台台长、布鲁斯劳大学天文学教授。

　　太阳系有 8 颗大行星，其中水星、金星、火星、木星、土星，在地球上的人们光凭眼睛就能看到，其余 3 颗，天王星、海王星、冥王星，都要用望远镜才能看到，因此天王星直到 1781 年才被发现。天王星的发现完全是偶然的。英国有一位叫赫歇耳的风琴家，他喜欢每天夜里用望远镜观察星空，无意中发现了这颗不断移动的新星。起先，他以为看到的是一颗彗星，经过许多人推算，证明这颗星的轨道几乎是一个圆，才肯定它也是绕着太阳转圈子的一颗行星，就把它命名为

柏林天文台

伽勒

天王星。

　　天王星发现之后，这些天文爱好者们都把望远镜对准了天王星。不久，它运行的规律就给人们推算出来了。天王星绕着太阳在一个半径不到29亿千米的近乎圆的轨道上运行，速度将近7千米/秒。天王星的轨道半径比地球的大19倍多，运行速度比地球慢，因此在地球上过了84年又9个月，在天王星上才过满一年。

英国皇家天文台所在地

　　然而，奇怪的事情跟着发生了。1800年以后，天王星的运行速度渐渐加快了，到1830年左右，它的运行速度又比往常慢了。在1800到1810那10年间，天王星在空间经过的路程，比它在1830到1840那10年间所经过的要长得多。并且在这些年间，天王星离开了人们给它推算的轨道，离太阳更远了。这种情形，别的行星也是有的，要是一颗行星

跟另一颗行星相接近，它们因为互相吸引会稍稍脱离人们推算的轨道。在正相接近的时候，轨道较小的那颗行星速度会稍稍加快；在正相远离的时候，轨道较小的那颗行星速度会稍稍减慢。因此有人猜想，天王星的轨道外面还有一颗人们从未见过的新行星。

这颗新的行星比天王星更远，而且比天王星更加暗淡，在茫茫的太空中，如果光靠望远镜盲目地搜寻，是极为困难的，甚至永远也找不到它。因此有人根据天王星的运行速度和轨道的改变，来推算这颗新行星的位置。推算当然不是一件容易的事，得应用许多复杂的物理和数学公式。1845年，一个名叫亚当斯的英国青年数学家椎算了出来，并把结果交给了英国皇家天文台。可是，不知道为什么，皇家天文台把他的推算结果搁在一旁，没有按着他的指点去搜寻。

1846年，法国青年数学家勒威耶也推算出来了结果。9月底，德国柏林天文台伽勒博士接到一封信，信是勒威耶写给他的，请他在夜里把望远镜对正某一方天空。勒威耶预言，在那里将会发现一颗新的行星——太阳系的第八颗大行星。伽勒博士立刻把精密的星图拿了出来，当夜就开始搜索，经过半小时的观察后，他果然在勒威耶指示的摩羯座8星之东约5°，即离预言的未知行星位置偏离不到1°的地方，发现了一颗星图上没有的光亮很弱的星。过了24小时再观察，证实这颗星在不断地移动，确实是一颗未曾发现的行星。勒威耶的预言应验了。这颗新的行星，后来被命名为海王星。

勒威耶

走进科学的殿堂

根据预言发现的新行星，海王星是第一颗。伽勒博士经过连续几天的观察，发现它的运动轨迹与预言数据惊人的符合。海王星的发现，解答了天王星为什么"出轨"的问题，不仅证明了哥白尼太阳系学说的正确性，同时也证明了唯物主义认识论的正确性。

使伽勒享有盛名的主要成就是他首先实地观测到了海王星，并且证实了它是一颗新行星。他曾将自己的博士论文送给许多人，其中也包括勒威耶。当勒威耶将自己预言的新行星位置写信告诉许多天文学家时，许多人对搜索假想中的行星是否有价值都表示怀疑，只有伽勒以极大的热情在收信的当晚就发现了勒威耶所预言的未知行星——海王星。他在给勒威耶的回信中有这样一段话："在您所指出的位置上确实存在着一颗行星。在我收到您的来信当天，我就发现了这颗星等是8等星……第二天的观测证实它就是那颗所要寻找的行星。"由于伽勒的工作，使人们进一步认识到科学理论的预言价值，也显示了牛顿万有引力定律的威力。

虽然伽勒博士第一个看到海王星，可是真正的功绩还属于推算的人。因此大家都认为这发现的荣誉，应该属于亚当斯跟勒威耶两位。由于他们的推算，太阳系的半径又向外扩展了16亿千米。

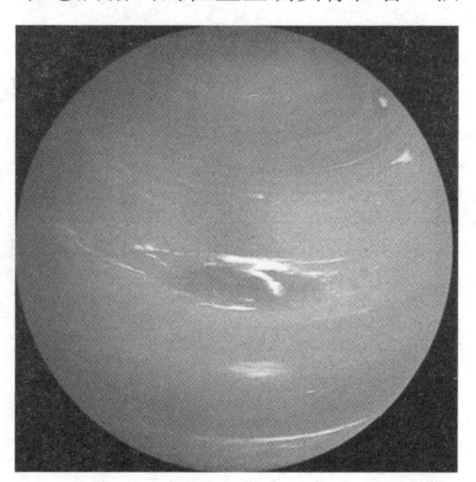

令人充满疑惑的海王星

现代大学之母——柏林大学

大陆漂移的发现

魏格纳，德国地质学家，1880年11月1日出生在德国柏林，从小就喜欢幻想和冒险，童年时就喜爱读探险家的故事，英国著名探险家约翰·富兰克林成为他心目中崇拜的偶像。为了给将来探险作准备，他考入柏林大学攻读气象学。1905年，25岁的魏格纳获得了柏林大学气象学博士学位。

1906年，他终于实现了少年时代的远大理想，加入了著名的丹麦探险队，来到了格陵兰岛，从事气象和冰川调查。

1910年的一天，年轻的魏格纳因病住进了医院。性格豪放、天性好动的魏格纳，在静谧舒适的病室里坐卧难安，就像软禁在牢笼中的

魏格纳

困兽一般。他只得耐着性子，面对病房里的地图，呆呆地出神。实在无聊时，魏格纳就站起来，用食指沿着地图上的海岸线，画着各个大陆的海岸线，借此消磨时光。他画完了南美洲，又画非洲；画完了大洋洲，

走进科学的殿堂

又画南极洲。突然，手指慢了下来，停在地图上南美洲巴西的一块突出部分，眼睛却盯住非洲西岸呈直角凹进的几内亚湾。瞧！这两者的形状竟是让人不可思议地吻合！魏格纳被自己偶然的发现惊呆了，他精神大振，"难道这是真的？"他站在地图面前，仔细端详着美洲、非洲大陆外形上的不同特点。果然，巴西东海岸的每一个突出部分，都能在非洲西海岸找到形状相似的海湾；同时，巴西的每个海湾，又能在非洲找到相应的突出部分。

"这不会是一种巧合吧？"兴奋至极的魏格纳一口气将地图上所有的一块块陆地都进行了比较，结果发现，从海岸线的相似形状上看，地球上所有的大陆块都能够较好地吻合在一起。

于是，这位病中的年轻人脑海里形成了一个崭新的惊人奇想：在太古时代，地球上所有的陆地都是连在一起的，即只有一块巨大的大陆板块。后来因为大陆不断漂移，才分成今天的各个大陆，因而它们之间的海岸线有着惊人的吻合。

1911年秋天，他又在一本文献中看到有人根据古生物学的证据，提出巴西和非洲曾有过陆地连接的观点，这引起他莫大的兴趣，从此开始搜集地质学资料，查找海陆漂移的证据。

魏格纳不仅思维跳跃、不囿俗套，而且注重实践、尊重科学，因此，他没有急于向世界公布自己的发现，而是一头扎进科学研究当中。为了给自己的

魏格纳研究板块运动

学说寻找证据，他随后收集了包括海岸线的形状、地层、构造、岩相、古生物等多方面的资料，并认真地进行了分析探究。

1912年，魏格纳在法兰克福地质学会上作了"大陆与海洋的起源"的讲演，正式提出了大陆漂移的假说。1915年，他出版了《海陆的起源》一书，系统阐述了大陆漂移说。

魏格纳认为，在地质历史上距今3亿年的古生代，地球上只有一块大陆——泛大陆。大约在2亿年前，由于太阳和月亮的引潮力作用，以及地球自转产生的离心力作用，浮在大洋壳上的大陆壳便相对落后并分崩离析，花岗岩层在玄武岩层上作水平漂移，到了距今300万年前，大陆最终漂移到我们今天所看到的位置。

格陵兰岛

走进科学的殿堂

大陆漂移说与当时在地质学界占统治地位的大陆固定说相对立，因此一经提出，便在地质学界引起轩然大波。老一代地质学家因魏格纳提不出令人信服的关于漂移动力的说明而均不承认这一新学说。

魏格纳在一片反对声中继续坚持为自己的理论搜集第一手证据。为了找到更多的证据，1930年4月，魏格纳率领一支探险队，迎着北极的暴风雪，第4次登上格陵兰岛进行考察。在零下65℃的酷寒下，大多数人失去了勇气，只有他和另外两个追随者继续前进，终于胜利地到达了中部的爱斯密特基地。11月1日，他在庆祝自己50岁的生日后冒险返回西海岸基地。在白茫茫的冰天雪地里，他失去了踪迹。直至第二年4月才发现他的尸体。他冻得像石头一样与冰河浑然一体了。

到了20世纪50年代，由于古地磁学的兴起以及遥感、电子计算机技术的发展，人们通过对古地磁学和海洋地质学的研究，发现海底不是平坦的，而且海底比海水年轻，说明它处在一个变动的过程中，由此可以肯定大陆确实发生过大幅度的漂移，彻底否定了大陆固定论的思想。

人类航天的开创

沃纳·冯·布劳恩，1912年3月23日出生于德国东普鲁士维尔西茨的富豪官僚家庭。父亲做过魏玛共和国教育部和农业部部长。中学时代，冯·布劳恩阅读了许多介绍宇宙航行的书籍，对天文和火箭极有兴趣，梦想将来有一天能登上月球观光。他给奥伯特写信，表示喜爱火箭研究工作。

一天傍晚，柏林使馆区内的蒂尔加滕街，宁静的气氛被爆炸的巨响打破，浓烟从街心冲天而起，警察抓住了一个13岁的男孩。原来这个男孩用6支特大焰火绑在他的滑板车上。导

沃纳·冯·布劳恩

火索点燃后，滑板车失控飞了出去。这个男孩就是布劳恩。他的父亲很生气，把他关在书房里。奥伯特著名的《通向航天之路》一书，就是这时被冯·布劳恩看到的。后来，冯·布劳恩在苏黎世高等技术学校读书时，参加了奥伯特创始的德国空间旅行学会，并很快成为董事会成员。

1930年，冯·布劳恩进入柏林大学，成为奥伯特的学生。1930年，

走进科学的殿堂

奥伯特主持设计了一种锥形喷嘴火箭发动机,把它装在液体火箭上点火发射,燃烧90秒,产生了7千克的推力,试验成功了。这是德国宇宙旅行协会研制的第一枚液体火箭。奥伯特的学生冯·布劳恩作为他的助手崭露才华,迅速成长为火箭技术领域的佼佼者。

1932年,布劳恩大学毕业,还获得了飞机驾驶执照。受聘为多恩伯格的主要助手。1934年,冯·布劳恩获得柏林大学物理学博士学位。他参与设计完成米拉克1号和2号火箭。德国陆军看中了萌芽中的火箭技术,计划秘密进行火箭试验。而布劳恩清楚,发展火箭技术以及把它用于太空飞行的目的,是一项投资巨大、规模超常的工作,并不是个人或民间团体所能承担的任务,因此他想通过陆军的资金和设备,实现真正的宇宙航行。研制火箭是技术十分复杂的尖端工程,不是几个人能把技术问题全部解决的,应当由各个方面的专家分工协作,才能使火箭工程顺利发展。于是,他建议把原来宇宙旅行协会的一批专家组织起来,集中到陆军库麦斯多夫试验场参加液体火箭研制工作,成为德国火箭专家。

1933年,布劳恩领导的库麦斯多夫液体火箭小组开始研制A系列火箭。1937年,布劳恩领导建成了世界闻名的佩内明德火箭研究中心,研究人员平均年龄只有26岁。从1934年至1942年,他们先后研制成4种A型液体火箭,其中A—4型火箭飞行速度接近每秒2千米,飞行距离达到189.8千米。如果在此基础上研制多级火箭,人类也许可能会提前跨入太空的大门,然而法西斯德国却垂青于它的军用价值,下令把A—4型火箭改装成导弹,用作战争的武器。纳粹头目之一的戈培尔把A—4型火箭改名为V—2导弹,冠以"复仇"之名,因为"V"是德文"复仇"的第一个字母。

1944年6月13日凌晨,在英国伦敦上空突然响起可怕的爆炸声。随后,嗡嗡的呼啸声不断,一个个火球从天而降,城中立刻燃起大火,

科技精英

人们惊恐万状,不知德国人发明了什么新式炮弹。9月8日傍晚,伦敦盟军司令部正在开舞会。突然,一道闪光划破天空,紧接着一声巨响。"从荷兰方向射来一枚奇怪的炮弹,击中了泰晤士河畔的发电站,详情

英国伦敦风光

尚未查明……。"值班参谋报告说。"什么炮弹能从荷兰打到这里?"司令部里无人相信。过了一会,参谋又报告说:"5分钟前发现一个快速运动的物体,高度约100米,速度约每秒1英里,无法进行拦截。从爆炸声估计,弹头至少有1吨TNT。"后来英国人才明白,这不是炮弹,而是可怕的导弹,前者叫V—1导弹,后者叫V—2导弹。希特勒丧心病狂地向伦敦发动猛烈空袭用的是威力很大的V—2弹道式导弹,是有史以来世界上投入战争的第一种导弹。人们发现,导弹作为战争工具,显示了惊人的威力。

走进科学的殿堂

从1944年9月至1945年3月,德国共制造了6000多枚V—2火箭,其中用了4320多枚袭击英国、法国、比利时和其他国家的目标,给这些国家造成巨大灾难,留下了战争的创伤。尽管V—2火箭被吹嘘为不可一世的"神奇武器",但最终也未能挽救德国法西斯的覆灭命运。

德国法西斯1945年5月9日投降,但在年初,33岁的布劳恩就看出形势不妙,便带领火箭研究小组的126名专家,还有近5000名有关人员和家属,以及1000吨重的各种火箭研

沃纳·冯·布劳恩

究资料、文献、仪器、设备,向美国投降。美国迅速地把他们连同资料和100枚完整的V—2导弹一起运回了美国。苏联军队占领了佩内明德火箭研究中心及诺德豪森火箭生产工厂后,却未能俘虏到著名的火箭专

"雷神"系列运载火箭

家,只好拆走了工厂的机器和部分残余的资料,并运走了贮存的V—2导弹。从此,美苏两国都从仿制V—2导弹入手发展火箭技术。

战后,布劳恩为美国政府工作。1958年2月6日,布劳恩主持研制

的丘比特C运载火箭,把美国第一颗人造卫星送上了太空,开辟了美国通向太空的道路。

此后,布劳恩参加了包括研制宇宙飞船及运载火箭的"水星"载

美国早期的火箭(从左到右分别为先锋号、先锋号、先锋号、先锋号、红石导弹、红石导弹、丘比特C、丘诺1型、丘诺1型、丘诺1型、丘诺1型、丘诺2型、丘诺2型、丘诺2型、水星-红石、水星-红石、水星-宇宙神)

人飞行计划、"双子星座"载人飞行计划,参与了把几种中程导弹改制成"雷神"系列、"宇宙神"系列、"大力神"系列运载火箭的工作,

早期的宇宙神系列运载火箭

为美国的航天计划立下了汗马功劳。而他最辉煌的成就,是他为美国阿波罗登月计划而研制的"土星5"号巨型运载火箭。"土星5"号一共发射了13次,其中6次将阿波罗载人飞船送上了月球。布劳恩和他的

走进科学的殿堂

杰作"土星5"号火箭在人类航天史上写下了最为光辉的一页。

1970年布劳恩到华盛顿任美国航空航天局副局长,负责空间计划,1972年退休。1977年6月16日因患癌症去世。

大力神系列运载火箭

尽管火箭技术发展至今,已经与V—2时期不可同日而语,但从现代新型液体火箭的结构原理看,它们仍然享受着布劳恩的智慧之光。V—2火箭虽在战争中扮演了极不光彩的角色,但它在技术上的成功却使人类向征服太空迈进了一大步,成为现代大型运载火箭的鼻祖,构筑了航天史上重要的里程碑。

"土星5"号巨型运载火箭

计算机之父

冯·诺依曼，美籍匈牙利人，1903年12月28日生于匈牙利的布达佩斯，1957年2月8日死于美国。

冯·诺依曼的父亲是一个银行家，家境富裕，十分注意对孩子的教育。冯·诺依曼从小就十分聪明，聪颖过人，6岁时就能够心算8位数字的除法。兴趣广泛，读书过目不忘。6岁时就能用古希腊语同父亲闲谈，一生掌握了7种语言，最擅德语，可在他用德语思考种种设想时，又能以阅读的速度译成英语。他对读过的书籍和论文，能很快一句不差地将内容复述出来，而且若干年之后，仍可如此。

1911—1921年，冯·诺依曼在布达佩斯的卢瑟伦中学读书期间，就崭露头角而深受老师的器重。在费克特老师的个别指导下合作发表了第一篇数学论文，此时冯·诺依曼还不到18岁。

冯·诺依曼

走进科学的殿堂

1921—1923年在苏黎世大学学习，很快又在1926年以优异的成绩获得了布达佩斯大学数学博士学位，此时冯·诺依曼年仅22岁。

在1925年的一篇论文中，冯·诺依曼就指出了任何一种公理化系统中都存在着无法判定的命题。

苏黎世大学

从1927年开始，冯·诺依曼在柏林大学担任数学讲师。它在集合论等方面取得了引人注目的成就。

1930年他应邀美国访问普林斯顿大学，成为客座教授，并于1931年成为终身教授，在那里工作了一生。

普林斯顿大学的高等研究所建立于1933年，冯·诺依曼成为最早的6位数学教授之一，直到他去世，它一直是这个研究所的数学教授。后来他成为美国公民。

1933年，冯·诺依曼解决了希尔伯特第5问题，证明了局部欧几里得紧群是李群。1934年他又把紧群理论与波尔的殆周期函数理论统一起来。他还对一般拓扑群的结构有深刻的认识，弄清了它的代数结构和拓扑结构与实数是一致的。

普林斯顿大学校园一景

他对其子代数进行了开创性工作，并奠定了它的理论基础，从而建立了算子代数这门新的数学分支，这个分支在当代的有关数学文献中均称为冯·诺依曼代数，这是在有限维空间中矩阵代数的自然推广。冯·诺依曼还创立了博弈论这一现代数学的又一重要分支。

1936到1938年，伟大的计算机科学家图灵是普林斯顿大学数学系的研究生，冯·诺依曼邀请图灵当他的助手，可是图灵钟情于剑桥而未能如冯·诺依曼所愿，一年后，二次世界大战使图灵卷入了战争。

冯·诺依曼发现了这种后来被称之为计算机的通用机器,能解决一些实际问题,而不是一个摆设。因为战争的原因,冯·诺依曼开始接触到许多数学的分支,使他开始萌生了使用一台机器进行计算的想法。虽然我们现在都知道第一台计算机 ENIAC 有他的努力,可是在此之前他碰到的第一台计算机器是 Harvard Mark(ASCC)计算器。冯·诺依曼有一种非凡的沟通能力,能够在不同的科学家之间担任一个中介者的角

Harvard Mark(ASCC)计算器

色,虽然这些科学家并不想让别人知道自己的秘密。冯·诺依曼建造的机器名为 IAS 机,一些由国家实验室建造的计算机不过是 IAS 机的复本而已。

战后的冯·诺依曼仍继续致力于 IAS 机的开发工作,并帮助解决氢弹研制中的计算问题。

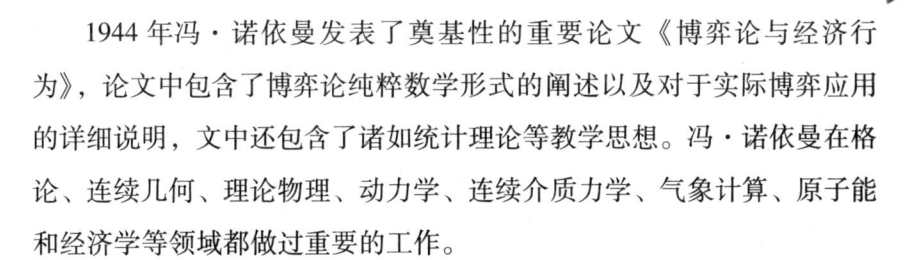

1944年冯·诺依曼发表了奠基性的重要论文《博弈论与经济行为》，论文中包含了博弈论纯粹数学形式的阐述以及对于实际博弈应用的详细说明，文中还包含了诸如统计理论等教学思想。冯·诺依曼在格论、连续几何、理论物理、动力学、连续介质力学、气象计算、原子能和经济学等领域都做过重要的工作。

冯·诺依曼对人类的最大贡献是对计算机科学、计算机技术和数值分析的开拓性工作。众所周知，1946年发明的电子计算机，大大促进了科学技术的进步，大大促进了社会生活的进步，鉴于冯·诺依曼在发明电子计算机中所起到的关键性作用，他被西方人誉为"计算机之父"。

1946年7、8月间，冯·诺依曼和戈尔德斯廷、勃克斯在ED-VAC方案的基础上，为普林斯顿大学高级研究所研制IAS计算机时，又提出了一个更加完善的设计报告《电子计算机逻辑设计初探》。以上两份既有理论又有具体设计的文件，首次在全世界掀起了一股"计算机热"。它们的综合设计思想，便是著名的"冯·诺依曼机"，其中心就是有存储程序原则——指令和数据一起存储，这个概念被誉为"计算机发展史上的一个里程碑"，它标志着电子计算机时代的真正开始，指导着以后的计算机设计。

冯·诺依曼还积极参与了推广应用计算机的工作，对如何编制程序及进行数值计算都作出了杰出的贡献。

冯·诺依曼于1937年获美国数学会的波策奖；1947年获美国总统的功勋奖章、美国海军优秀公民服务奖；1956年获美国总统的自由奖章和爱因斯坦纪念奖以及费米奖。冯·诺依曼逝世后，未完成的手稿于1958年以《计算机与人脑》为名出版，他的主要著作收集在六卷《冯·诺依曼全集》中，1961年出版。

走进科学的殿堂

冯·诺依曼是普林斯顿大学、宾夕法尼亚大学、哈佛大学、伊斯坦堡大学、马里兰大学、哥伦比亚大学和慕尼黑高等技术学院等校的荣誉博士,他是美国国家科学院、秘鲁国立自然科学院和意大利国立学院等院的院士。

哥伦比亚大学校园一景

冯·诺依曼1951年至1953年任美国数学会主席;1954年他任美国原子能委员会委员。

1954年夏,冯·诺依曼被发现患有癌症,1957年2月8日,在华盛顿去世,终年54岁。

政治伟人

德国统一英雄

奥托·冯·俾斯麦（1815年4月1日—1898年7月30日），劳恩堡公爵，普鲁士王国首相（1862—1890年），德意志帝国第一任总理，著名政治家和外交家，奉行铁血政策的强硬政治家，人称"铁血宰相"、"德国的建筑师"。

俾斯麦于1815年4月1日出生于普鲁士施滕达尔附近的申恩豪森一家大容克贵族家庭，他的童年是在他父亲的庄园里度过的。6岁开始在柏林上学。17岁后在格丁根和柏林大学攻读法学。在上大学期间，他强暴蛮横、凶悍粗野，曾与同学作过27次决斗。1832年读大学时，在当年美国独立战争纪念日那天，他同一位美国朋友莫特利用25瓶香槟酒打赌：25年内德意志必然统一。虽然德意志统一比他的赌注晚了10年，但毕竟在他的手中实现了。

奥托·冯·俾斯麦

俾斯麦1835年从柏林大学毕业，1836年担任候补文官职务。1839年，他回到老家管理自己的两处领地。强壮的体格，粗野的个性，对待农民的残忍，追求目标的毅力和不择手段以及现实主义的态度，构成俾斯麦鲜明的性格特点。他采取资本主义农场的经营方式，逐渐成为资产阶级化的容克。在此期间，他除了热衷于骑马狩猎、纵情享乐外，还学习文学、历史和哲学。1845年任萨克森省议会议员，1847年任普鲁士联合邦议会议员，以维护贵族地产主的利益而闻名，政治上属于顽固的保守派。

德意志1848年革命时期，俾斯麦在议会上公开声称要压倒革命，甚至在自己领地上组织军队，准备前往柏林"勤王救驾"，武力镇压革命。他尖刻地嘲讽法兰克福全德国民议会中资产阶级代表们的高谈阔论，主张用武力把它驱散。他是保守宫廷党的主要成员，反对德意志统一、亲俄、亲法、亲奥。

俾斯麦狂热的容克信念和立场赢得了国王的赏识。1851—1858年被任命为普鲁士邦驻德意志联邦代表会的代表后，俾斯麦的政治态度发生剧变，他已经受到资产阶级的影响，用资本主义的生产方式经营自己的庄园，逐渐成为资产阶级化的容克。俾斯麦意识到，德国的统一是无法阻止的，要维护普鲁士的君主政体和容克利益，只有掌握统一运动的领导权。这个领导权不能被德国资产阶级所掌握，更不能被无产阶级所掌握，而必须由普鲁士容克所掌握。因此，他一方面主张用强力压服资产阶级，镇压无产阶级的革命运动；另一方面他也清楚，欧洲列强，无论是法国还是俄国，都会阻止德国的统一。在德国内部，普鲁士的霸权一定会遇到奥地利的坚决反对。对于这些障碍，只能用武力作为后盾。

1859年俾斯麦任驻俄公使，1861年改任驻法公使。因此，他能清楚地了解俄国和法国统治阶层的意愿和图谋。19世纪60年代初，他公

开提出要解散德意志联邦，把奥地利逐出德意志。

1862年9月，被普王威廉一世任命为首相，10月8日又被任为外交大臣。当时普鲁士议会否决了威廉一世的扩军计划，威廉一世准备退位，王朝面临危机。俾斯麦执政后，不理睬资产阶级的违宪指责，进行大规模军事改革。宣称"德国所注意的不是普鲁士的自由主义，而是权力……普鲁士必须积聚自己的力量以待有利时机，这样的时机我们已经错过了好几次……当代的重大问题不是通过演说与多数人的决议所能解决的——这正是1848年和1849年的错误——而是要用铁和血。"俾斯麦的"铁和血"，是他统一德国的纲领和信条，他的"铁血宰相"的别称也由此而得名。俾斯麦正是凭靠这种暴力，大胆而又狡猾地利用国际纠纷和有利时机，决定性地使德国通过"自上而下"的道路统一起来。

普奥战争

俾斯麦统一德国的第一步，就是1864年初挑起对丹麦的战争，把属丹麦的石勒苏益格—荷尔施泰因两公国（居民多数为德意志人）并

走进科学的殿堂

入德国。第二步是1866年挑起对奥地利的普奥战争。1866年7月3日在萨多瓦战役中，普鲁士获得决定性的胜利。根据1866年8月的布拉格和约，奥地利退出德意志联邦，普鲁士兼并了荷尔施泰因以及战争中站在奥方的几个德意志联邦诸侯国，统一了德意志的北部和中部，建立起在普鲁士领导下的北德意志联邦。

俾斯麦统一德国的第三步，就是1870年的反法战争。1870年9月17日，在俾斯麦的挑动下，法国向德国宣战。拿破仑三世吹嘘说，这只是一次"到柏林的军事散步"。但他碰到的已不是昔日的普鲁士，而是一个比较强大的、坚决反对分裂的德意志民族。他对德国事务的不断干涉，激起德国民族运动的高涨，同时欧洲

俾斯麦纪念碑

列强因同法国有矛盾而宣告"中立"。俾斯麦利用这些有利因素取得节节胜利。1870年9月2日，德军在色当战役取得对法国的决定性胜利，生俘了拿破仑三世。至此，统一南德的障碍已除，德国民族战争的任务

政治伟人

134

已经完成。俾斯麦驱兵直入巴黎。1871年1月18日在凡尔赛宫宣告了德国的统一，成立了德意志帝国。俾斯麦也同时出任德意志帝国的宰相，并晋封为亲王，获得著名的弗里德里希斯鲁庄园，成为德国最大的地产主之一。

1871—1890年，俾斯麦是德意志帝国的实际领导人，集帝国内政、外交大权于一身，只对皇帝负责。其内政的主要目标是维护现存制度，确保国家（首先是普鲁士）的权威。一方面加强普鲁士和帝国政府的权力，促进容克和资产阶级的联盟；另一方面大肆镇压工人运动，于1878年颁布了所谓《镇压社会民主党企图危害社会治安的法令》（又叫《反社会主义者非常法》）。1871年参与镇

青少年时期的俾斯麦

压巴黎公社运动。1872年开始，发动反天主教会的所谓"文化斗争"。1878年实施《社会党人法》。1879年后颁行保护关税政策。外交方面推行大陆政策，以争夺欧洲霸权。1873年促成缔结德、奥、俄三皇同盟。1879年同奥匈帝国缔结秘密的军事同盟。并以此为基础结成德、奥、意三国同盟。19世纪80年代起，他还领导德国向海外扩张，在亚洲和非洲建立殖民地。俾斯麦在外交上纵横捭阖，成为19世纪下半叶欧洲政治舞台上的风云人物。但其内政和外交政策都未能完全取得预期效果。1890年3月17日被威廉二世解职。俾斯麦下台时被封为劳恩堡

走进科学的殿堂

公爵。此后他长住汉堡附近的弗里德里希斯鲁庄园，除撰写回忆录外，还在《汉堡消息报》上发表文章，为自己的政策辩护。著有回忆录《思考与回忆》。1898年7月30日卒于这个庄园。

俾斯麦是德国近代史上一位举足轻重的人物。作为普鲁士德国容克资产阶级最著名的政治家和外交家，他是"从上至下"统一德国的代表人物，其一生正是德国从封建专制社会过渡到资本主义，再走向资本主义列强的重要历史时期。

政治伟人

百家争鸣

浪漫主义诗人海涅

克里斯蒂安·约翰·海因里希·海涅，1797年12月13日生于杜塞尔多夫，1856年2月17日在巴黎逝世，出生时用名哈利·海涅，19世纪最重要的德国诗人和新闻工作者之一。海涅既是浪漫主义诗人，也是浪漫主义的超越者。他使日常语言诗意化，将报刊上的文艺专栏和游记提升为一种艺术形式，赋予了德语一种罕为人知的风格上的轻松与优雅。作为批评家、热心于政治的新闻工作者、随笔作家、讽刺性杂文作家、论战者，他既受喜爱，又遭惧怕。他是作品被翻译得最多的德国诗人中的一员。

哈利是布商萨姆逊·海涅和他的妻子贝蒂（本名佩拉）的4个孩子中最大的一个，成长于一个逐渐与社会融合的、受启蒙思想影响的犹太家庭，在依据晚期启蒙运动的思想运作的杜塞尔多夫中学接受教育。上中学时，海涅就写下了他的第一批诗歌。1814年，他未获毕业证书就离开了中学。根据家族的传

浪漫主义诗人海涅

走进科学的殿堂

统,他要到一所商业学校,为从事商人一职作准备。

1815年到1816年,海涅首先在法兰克福的银行家林兹考普夫那里实习,后来又到他富有的叔叔所罗门·海涅的位于汉堡的银行工作。所罗门跟兄弟萨姆逊相反,在生意方面非常成功,他收留了侄子。海涅一直受到叔叔的经济资助,直到叔叔1845年去世,尽管后者不怎么理解他对文学的兴趣。他叔叔的"名言"流传了下来:"假如他能学点正经东西,他就不用写书了。"

哥廷根大学校园一景

因为海涅对财务往来既没有兴趣又没有天赋,最后,他的叔叔为他开了一家布店。但是"哈利公司"很快就不得不登记破产。这位店主在那时就已经偏爱诗艺了。哈利对表妹阿梅莉徒劳的爱情也没能使家庭更和睦。后来他在《歌集》中将这段未获回报的衷情加工成了浪漫主义的情诗。他在诗歌《Affrontenburg》中描述了叔叔家中压抑的气氛,置身其中,他感到自己越来越不受欢迎。也许正是家庭不和使得所罗门

现代大学之母——柏林大学

·海涅决定迁就侄子的愿望,让他远离汉堡,去上大学。

尽管海涅对法学没有特别的兴趣,但在1819年,他开始了法学的学习。起先,他在波恩注册,在那里,奥古斯特·威廉·施莱格尔是他的老师之一。

1820年的冬季学期,他来到哥廷根大学,在那里,他参加了一个学生组织。然而,仅仅在1821年1月,他就被迫离开了学校和这个组织。起因是一场决斗。那时极力想隐瞒自己出身的海涅,因为身为犹太人而被一个同学侮辱,他向此人要求决斗。学校为此开除他一学期的学籍,也正为此,学生组织因为他的"不良行为"而开除了他。其实海涅确实去过妓院,但是这在当时的学生当中是相当普遍的。因此,一些传记作家认为这样的理由不过是借口,用来掩盖真实的反犹主义动机。

这次事件后,海涅去了柏林。1821年至1823年,他在柏林大学学习,听过黑格尔讲课。不久,他接触到了城里的文人圈子,成了列文和冯·恩瑟沙龙的常客。1822年,他从柏林出发,到波兰中西部城市波兹南旅游。在那里,他第一次遇见了进行爱与慈善运动的犹太人。一方面,他受到了他们的吸引,另一方面,他又无法同他们一样。在皈依基督教的两年前,他写道:"我也没有勇气留一部胡子,让人用犹太德语在后面叫我。"

1825年海涅在哥廷根大学获得法学博士学位。此前不久,他接受了新教的洗礼,有了克里斯蒂安·约翰·海因里希这个名字。从此以后,他就叫自己海因里希·海涅。在他的家人面前,他竭力将受洗的事保密。他对宗教相当无所谓,只将受洗证明当成"欧洲文化的入场券"。然而他必须确定,许多欧洲文化的承载者仍不把一个像他这样受过洗的犹太人看成他们的同类。

当诗人奥古斯特·格拉夫·冯·普拉腾因为海涅是犹太人而公开攻

走进科学的殿堂

击他时，海涅没有被吓退，他把普拉腾是同性恋一事公之于众，令其不能在社会上立足。后来，海涅多次明确抱怨皈依基督教，原因之一就是他预期的结果没有发生。其后的几年里，海涅多次努力（如在慕尼黑谋求国家公职）。因为这些尝试都失败了，他作出了一个在当时的条件下相当不寻常的决定，通过当自由职业作家赚取生活费。

海涅 1821 年就已经在柏林出版了第一批诗歌。接着，在 1823 年出版了一些悲剧，包括一部抒情插曲。1824 年出版了 39 首诗歌的合集，其中有海涅在德国最脍炙人口的作品《罗蕾莱》。同年，在哈尔茨山旅行期间，他到魏玛拜访了他极为敬仰的约翰·沃尔夫冈·冯·歌德。在两年前，他就把第一部诗集题词寄给过这位枢密顾问。但这次访问令海涅相当失望，因为他表现得既拘谨又笨拙，而歌德只是礼貌、带有距离地接待了他。

1826 年海涅出版了他的哈茨山旅行见闻，同年又开始了和汉堡的霍夫曼和坎普出版社的生意关系。尤利乌斯·坎普一直是海涅的出版商，直到海涅去世。1827 年 10 月，他出版了诗集《歌集》，这部作品奠定了海涅的声誉，它直到现在仍受到喜爱。这些和以后的一些诗歌被多次配上曲调，如在舒曼的歌曲集《诗人之爱》中，浪漫的、常带有民歌风情的风格，深深打动了当时读者的心。那些诗歌，如《美丽的五月》、《一个少年爱一个少女》，同样拨动着一代又一代读者的心弦。

但是海涅很快超越了浪漫主义风格。他用讽刺性的手段破坏它，也将浪漫主义诗歌的艺术特征运用于有政治内容的诗歌。他把自己称为一个"逃跑的浪漫主义者"。

1827 年至 1828 年，海涅到英国和意大利旅行时才第一次见到大海。他在后来发表于 1826 到 1831 年间的游记中描述了他对大海的印象。这一时期的作品有：《北海集》、《卢卡浴场》和《思想·勒格朗集》，后一本书表达了他对拿破仑和法国大革命成就的拥护。在此期间，人们逐渐认识到海涅是一个伟大的文学天才。从19世纪30年代起，海涅的名声开始在德国和欧洲传开。

海涅因为他的政治观点而越来越多地受到攻击，尤其是在普鲁士，而他对德意志的书报检查制度也感到厌恶，所以1831年在法国七月革命爆发之后他去了巴黎。他在这里开始了第二阶段的创作。终其一生，

巴黎风光

海涅都思念着德意志。最后，巴黎成了海涅的流亡地，因为他的作品1833年在普鲁士被禁；1835年，根据法兰克福联邦议会的决议，在所有德意志联邦的成员国被禁。那些"青年德意志"组织的诗人的命运也是如此。联邦议会的决议中写道，这个组织的成员的目的在于"用各个阶层都能接受的文学形式肆无忌惮地攻击基督教，贬低目前的社会状

况，破坏所有的纪律与道德"。

但是，1832 年，海涅就通过为歌德和席勒的出版商约翰·腓特烈·科塔的奥斯堡汇报写巴黎通讯找到了新的收入来源。海涅这段时间的报刊专栏文章于1833 年以书名《法国的状况》出版。

在巴黎，他遇见了空想社会主义者圣西门和法国、德意志文化生活中的大人物，如：赫克托·柏辽兹，路德维希·波纳，弗雷德里克·肖邦，乔治·桑，大仲马和亚历山大·冯·洪堡。

这个世界性的大都市在随后的几年里给了海涅以灵感，他写出了大量的杂文、政论文章、论战文章、专题文章、诗歌和散文。在《法国的状况》一类的作品中，他努力把法国的情况介绍给德国人，把德国的情况介绍给法国人。

海涅比多数人更早地意识到了德意志民族主义的破坏性特征，它与法国的民族主义不同，没有跟民主和人民主权意识结合在一起。

柏辽兹

他在那些年里的重要作品有《论浪漫派》（1836 年），《论路德维希·多纳》（1840 年）以及小说片断《巴哈拉赫的拉比》（1840 年）。1841 年，他和他在 1834 年认识的鞋类售货员欧仁妮·克莱仙蒂亚·米拉结了婚。他爱玛蒂尔德（他对她的昵称）的原因之一很特殊：她不懂德语，甚至在婚后的很长一段时间内都不清楚她的丈夫是一个多么伟大的诗人。

为了再次见到母亲并把妻子介绍给她，海涅于 1843 年和 1844 年最后两次来到德国。那时他结识了卡尔·马克思和斐迪南·拉萨勒。后来

海涅参与了马克思的《前进报》和《德法年鉴》的工作。

19世纪40年代中期,海涅写下了伟大的叙事诗《阿塔·特罗尔》和由他的第二次德国之行激发产生的《德国,一个冬天的童话》。这一时期,海涅的思想明显变得激进了。他属于第一批认识到正在开始的工业革命的结果和在作品中思考刚诞生的工人阶级的困苦的作家。他于1844年6月写的诗《西里西亚织工》就是这样一部作品。它脱胎于那个月在西里西亚的彼德斯瓦尔道和朗恩比劳两镇发生的织工起义。这首也以《织工之歌》的名字而闻名的诗7月在由卡尔·马克思出版的《前进报》上发表,又被印刷5万份在起义地区作为传单分发。普鲁士内政部长阿宁姆在给国王腓特烈·威廉四世国王的报告中将这首作品描述成:"针对臣民中穷人的,充斥着煽动性语言和罪恶表达的讲话。"普鲁士王国的最高法院颁布了对这首诗的禁令。1846年,在普鲁士,一个胆敢在公共场合朗诵它的人会被判入狱。

1844年8月在巴黎认识海涅的弗里德里希·恩格斯把《织工之歌》翻译成了英语,并于同年12月在《新道德世界报》上发表。

尽管海涅与马克思、恩格斯的关系友好,但他却始终不是马克思主义者。他认识到,正在形成的工人阶级的要求是完全合理的,也支持这些要求。但他同时意识到,共产主义思想中的唯物主义和激进将会摧毁他所热爱和赞赏的欧洲文化中的很多东西。

作为坚定的民主主义者,海涅欢迎1848年发生在整个欧洲的革命,尤其是德国的四月革命。但很快,随着革命的发展,他就失望地不再关心它。因为支持共和制—民主制国家形式的人一开始就是少数。在法兰克福国家议会对建立一个王权世袭的民族君主国家的尝试中,他只看到企图复兴1806年崩溃的神圣罗马帝国的无用的、浪漫的政治幻梦。

在革命的第二股浪潮,即1849年春夏的有力的民主革命被镇压之

走进科学的殿堂

后,海涅心灰意冷地写下了《在1849年10月》一诗。

1848年2月,巴黎爆发革命的同一个月,海涅的身体垮了。他从1845年明显加剧的神经痛将他永远地固定在了病床上。海涅本人相信,他得的是梅毒,但他被详细记录下的病程说明他得的是多发性硬化症。在几乎瘫痪的情况下,他在自己命名的"床褥坟墓"中度过了8年,直到去世。

在此之前,海涅对宗教已经有了一种更温和的评价,在他的遗嘱中赞成对人格化神的信仰,但他却没有再接近一个教堂或犹太教。海涅精神上的创造力在他痛苦的卧床岁月中并没有减弱。由于他已经无法自己书写,他就向秘书口授诗歌和文章。这样,在1851年10月,他出版了诗集《罗曼采罗》,1854年出版了他的政治遗言《卢苔齐娅》。

海涅和太太在巴黎蒙马特墓地的墓碑

尽管病痛缠身，海涅却没有失去幽默与激情。在他生命的最后几个月，来自布拉格的女崇拜者艾尔瑟·克里尼兹（他温柔地将她称为"美容斑"）的多次拜访减轻了他的痛苦。他叫她为他的"被爱慕的荷花"，但这种爱慕由于他的衰弱的身体只发生在精神层面。1856年2月17日，海涅离开了世界。3天后，他被葬在蒙马特的墓地。27年后，根据诗人的愿望，玛蒂尔德也在这里找到了永久的居所。在1901年树立的海涅的墓碑上装饰着丹麦雕塑家路易斯·哈瑟里斯制作的大理石海涅半身像和这位诗人的诗《哪里？》。

走进科学的殿堂

经济学领域的骄子里昂惕夫

百家争鸣

瓦西里·里昂惕夫，1906年8月5日出生于俄国的圣彼得堡。里昂惕夫的父亲是经济学家，曾在彼得堡大学任教并担任经济学教授。里昂惕夫的童年和青年时代是在圣彼得堡度过的。里昂惕夫在他的童年时代度过了一段非常幸福的时光。也许因为他父亲是经济学家的原因，小里昂惕夫所需要的书籍，他父亲总是及时地买给他，这样极大地丰富了他的业余生活，扩大了他的视野。有时，他父亲带着小里昂惕夫出国旅行，使他感受到大自然的美丽和奥妙，更增强了对

瓦西里·里昂惕夫

科学知识的向往之心。在家里，因工作上的需要，许多经济学家来往于小里昂惕夫家。小里昂惕夫在这样环境里熏陶着，使他从小就对经济学充满无限的兴趣和爱好，并决定走父亲的路——从事经济学研究。

1921年，里昂惕夫进入苏联列宁格勒大学经济学系学习哲学、社会学和经济学。在大学期间，他非常勤奋，学习非常用功，兴趣广泛。涉猎了哲学、社会学、经济学各领域，通读了列宁格勒公共图书馆所藏

148

法、英、德文经济学书籍，深受重农学派、马克思和洛桑学派的影响。

列宁格勒大学校园一景

1923—1924年，里昂惕夫的父亲参与了苏联国民经济平衡表的编制工作，里昂惕夫深受影响，也对编制国民经济平衡表进行了研究。这些都为他后来创造出"投入产出分析方法"打下了坚实的基础。里昂惕夫认为，经济研究应深入经济事实内部，搞清经济变动的内部联系，因此，投入产出分析具有不可替代的作用。而投入产出表是投入产出分析最得力、最有效的工具。它可以把经济中任何一个方面产生的自发或外来变化对其他部门的影响的各中间环节加以分别，并进行准确度量，进而了解某部门经济活动的影响是怎样通过把整个体系连接在一起的各种交易链条，一步步地传递到各个部门的。这就可以从数量方面详细了解整个经济的内部结构。并且，投入产出表采取复式编制方法。经济活动的全部交易被分到若干部门，并排成由横行和纵行组成的矩阵。横行的数字表示各经济部门如何把它的产出分配到其他部门，而纵行则表明各个部门又是如何从其他部门取得它所需要的货物和劳务的投入。因为横行中的每个数字也是纵行中的一个数字，所以各部门的产出同时表现为其他一些部门的投入。这就揭示出现实经济结构是由贸易流量交织而成，而这种贸易流量最终又把各个领域和部门同所有其他领域和部门连接在一起了。当然，投入产出分析的一个重要问题是计算。

投入产出分析有开放式、封闭式和静态、动态之分。当把经济体系中所有的部门和所有的购买都看作是内生的时候，这种投入产出体系就称为封闭式的。在分析经济体系中存在外生的部门和需求时，这种投入产出体系就称为开放式的。当一个经济体系存在对外贸易时，进口和出口可以记作最终需求部分，出口记为最终需求的正数部分，进口记为它的负数部分。静态投入产出分析指不考虑技术变动和时间因素，反之，加进技术变动和时间因素则是动态投入产出分析。

投入产出分析方法的创立和发展有其深远的理论和现实意义。有些西方经济学家认为，里昂惕夫的贡献在于"从基本上简单的概念打开对经济的深入分析的路子"。投入产出分析所解决的基本是线性方程组，因而引发了现代高级经济理论中的一个重要分支——线性经济理论的产生和发展，投入产出分析中矩阵工具的运用促进了矩阵代数在经济学中的广泛使用。越来越多的经济学家开始习惯于借助投入产出表的统计数据和分析方法进行经济研究。在现实经济活动中，投入产出方法成为实际经济统计与核算的重要方法，发挥了不可替代的重要作用。迄今为止，几乎所有国家和地区都已编制了本国和本地区的投入产出表。联合国也把投入产出分析法规定为会员国的国民经济核算体系中的一个重要组成部分。

大学期间，里昂惕夫是一个有独立见解的社会主义者，正因为如此，他却被怀疑为社会主义的背叛者，因此他有一段时间在狱中度过。在狱中，他并没有妥协，仍千方百计地发表自己的见解，不断地为社会主义摇旗呐喊。尽管有些白色恐怖分子对他进行陷害，但邪恶战胜不了正义，最终里昂惕夫被无罪释放了。

基尔大学校园一景

1925年里，昂惕夫以优异成绩从苏联列宁格勒大学毕业，并获得经济学家学位（苏联的高级经济学家学衔）。同年，在一场重病之后，里昂惕夫移居德国，进入柏林大学博士研究生班攻读经济学。1928年，里昂惕夫因提交关于"经济流通"理论的一篇论文而获得柏林大学经济学博士学位。

在柏林大学期间，里昂惕夫曾师从著名经济学家L.冯·博特基威茨学习数理统计学，并任著名经济史学家W.桑巴特助手。

走进科学的殿堂

1927—1928年，里昂惕夫在德国基尔大学世界经济研究所任副研究员，致力于统计上供求曲线演变的研究。1929年应中国国民党政府铁道部之邀，在南京任铁道部顾问一年。为中国交通事业的发展作出了一定的贡献，得到了中国人民和政府的广泛颂扬。后回到基尔大学世界经济研究所工作。

哈佛大学校园一景

1930年，里昂惕夫随父亲移居美国，加入美国籍，并在美国国民经济研究所任研究助理。1932年，里昂惕夫到哈佛大学任教，先后担任助理教授、副教授。同年，里昂惕夫与爱斯特尔·马克斯结婚，妻子爱斯特尔是个诗人，他们生有一女。1946年晋升经济学教授。

在哈佛大学，里昂惕夫获得学校的资助进行投入产出研究和制定投入产出表。1936年8月，里昂惕夫在哈佛大学《经济学统计学评论》

上发表《美国经济体系中投入产出的数量关系》一文，阐述了有关美国第一张投入产出表：1919年投入产出表的编制工作，投入产出理论和相应的数学模型以及资料来源和计算方法，标志着投入产出分析的诞生。

投入产出分析的理论基础是新古典学派的一般均衡理论，它"把一个复杂经济体系的各部门之间的相互依赖关系系统地数量化"。"应用这种方法的经济体系可以大到一个国家，甚至整个世界，也可以小到一个都市地区，甚至单独一个企业的经济。"而通过一个投入产出表反映一定时期内（如一年）货物和劳务在国民经济各部门之间的流量。在此后20年里主持编制过多个美国国民经济投入产出表。

里昂惕夫1941—1947年任美国劳工部顾问，1948年创办哈佛经济研究计划室，并担任主任直到1973年。1961—1965年再任劳工部顾问，1965年任哈佛校友会主席，1970年任美国经济学会会长。1975年里昂惕夫从哈佛退休，转任纽约大学经济分析研究所所长，任纽约大学（终身）经济学教授。在任教的同时，还先后在美国政府劳工部、战略情报局、商务部以及联合国开发计划署、投入产出协会等处兼职。

1972年，里昂惕夫获诺贝尔经济学奖，领奖时作了题为《世界经济的结构》的演讲。

里昂惕夫也许与中国有缘，也许因中国博大精深的文化，也许因为有长城之故，他几次到中国。除了1929年担任过一年的铁道部顾问外，1974年夏，他曾作为美国经济学会访华团的成员，同哈佛大学教授加尔布雷思，耶鲁大学教授托宾等一道访问我国，回国后发表文章称赞我国建国以来的经济成就。1983年3月又来我国做学术访问，并为中国经济发展提出了建设性的建议。

里昂惕夫一生著述很多，学术上取得极大成就，获得了世界经济学家广泛的赞誉。他的主要著作有：《美国经济系统中投入和产出的数量关系》、《1919—1929年美国的经济结构》、《美国经济结构研究》、《国际贸易理论读物》、《投入—产出经济学》、《经济学论文集》、《世界经济的前途》等。

里昂惕夫在其一生的经济研究中，始终坚持的一个原则是，经济研究必须建立在占有和处理直接统计资料的基础之上。

里昂惕夫1999年去世，享年93岁。

华人风采

"金博士"的两弹一星

王淦昌（1907—1998年），我国著名核物理学家、核科学的奠基人和开拓者之一、中国科学院资深院士、九三学社中央名誉主席、中国共产党优秀党员、原第二机械工业部副部长，两弹一星专家。是中国唯一享有"金博士"荣誉的科学家，是中国"863计划"的4位领导者之一。

王淦昌1907年5月出生于我国江苏省常熟县支塘镇。父亲是有名的中医，可惜在他4岁时就去世了。他自幼好学，先进私塾，后入小学，在小学里他最喜爱的就是算术，特别对解趣味数字题有兴趣，他表现的聪明才智深受老师的赞赏。13岁时，母亲又患病去世，王淦昌随亲戚到上海浦东中学读书，对他影响最大的是数学教师周培。在周培的指导下，王淦昌积极参加数学自学小组，在中学就学完了大学一年级的微积分课程。

1924年王淦昌高中毕业，先入外语专修班，打好外语基础，再找机会

王淦昌

走进科学的殿堂

进了一年技术学校，学习汽车驾驶和维修，然后报考清华大学，清华这一年开始设立大学部，王淦昌成了清华大学物理系第一届本科生。王淦昌一进清华。就迷上了化学和化学实验，他往往长时间呆在化学实验室里，关于元素和化合物的各种性质，凡是有条件的他都认真去做，这些训练对他后来的许多成果有重要作用。1929年王淦昌毕业于清华大学物理系。

1930年，王淦昌考取江苏省官费留学，到德国柏林大学当研究生，师从著名物理学家迈特纳（1878—1968年）学放射性物理学。

迈特纳

柏林大学威廉皇帝化学研究所放射物理研究室，在柏林郊外一个名叫达列姆的小镇上。大城市的喧嚣，现代生活的繁华与这个宁静的学府几乎毫不相干。

王淦昌每天在那里闭门苦读，潜心于课堂和实验室。实验室的大门晚上10点就关闭了，他常常要翻出围墙回到自己的宿舍。1933年，他的博士论文顺利地通过了答辩，获博士学位。

在王淦昌快结束自己的留学生活之时，他又去了英国、法国、荷兰、

卢瑟福

华人风采

意大利等国做学术访问，见到卢瑟福、查德威克、埃利斯等物理学家，学习了最新的物理学理论与实验技巧。

1934年4月王淦昌回到了祖国，先应聘到山东大学物理系任教，后转浙江大学任教。

王淦昌在这两所大学都致力于近代物理实验室的建设，对加强我国的科学研究基地发挥了作用。当时王淦昌在浙江大学物理系是最年轻的教授，他以广博的学识，诚恳待人的性格，得到了师生的爱戴，大家常称他为："baby professor（孩博士）"。

1937年5月23日，著名物理学家玻尔到杭州访问，王淦昌与之见面，并在陪同游览的过程中，讨论了有关原子核和宇宙线等问题。

浙江大学

不久，抗日战争爆发，浙江大学内迁，在流亡途中师生历尽艰辛。王淦昌和大家一起，在万分困难的情况下坚持实验和教学。他非常关心学生，经常以自己有限的财物接济穷苦学生。他除了开出近代物理课以外，还讲过"军用物理"，在讨论课上介绍重核裂变的新发现。在教学之余，他曾试图用照相方法寻求核裂变产生的核径迹。

1940年初，浙江大学迁到了遵义。贵州的条件虽然艰苦，但比较安定。在这以后的5年中，王淦昌和师生一起，有了一段稳定的教学和研究。王淦昌在这个时期做出了一项重大成果，得到了国际上的重视，这就是关于探测中微子的建议。

中微子是泡利在1903年为解释为什么连续β射线谱中能量会有差异时作的一个假设。随后，费米提出β衰变理论，进一步肯定了中微子的存在。但直到1941年还未有任何实验找到确凿的证据，证实有关中微子的理论预言，因为中微子本身不带电，无法直接测量。

王淦昌一直关心这方面的进展，在阅读了大量的文献资料之后，经过一段时间的思考，写出了一篇短文，寄到美国《物理评论》杂志，题为《关于探测中微子的一个建议》。他在论文中提出了一个可行方案，使探测中微子成为可能。论文发表于1942年1月，不出两个月，美国的阿伦就照着王淦昌的方案初步得到了肯定的结果。

1946年，王淦昌随浙大师生迁回杭州。次年，得资助赴美作粒子物理学研究。1949年回国，回国时自己没有带什么东西，却用节余的钱购买了许多科研的电子器材和一台直径30厘米的大云室，他以安装好这台云室来迎接解放。就在这一年，王淦昌参加了革命工作。

1950年4月，王淦昌应钱三强之邀，到中国科学院近代物理所任研究员，后任副所长，负责日常工作。他不但忙于事务，参加制定长期规划，促进各项实验研究开展，还亲自主持宇宙线的研究工作。他以极大的精力推动我国物理学的基础研究，在很短的时间里，在一些领域，特别是宇宙线研究方面赶上世界先进水平。

1956年秋，王淦昌作为中国的代表来到苏联杜布纳联合原子核研究所，杜布纳联合原子核研究所是一个以苏联为主的国际合作科研组织，有中、苏、朝、罗、波、捷等十几个国家参加。王淦昌先任高级研究员，后任副所长，领导一个有几十位科技人员组成的大集体。当时，联合原子核研究所正在建造 10Gev 质子同步稳相加速器。与此同时，欧美的大型加速器也正在建造或已经运行，一场科学竞赛摆在科学家面前，迫切需要选择最佳方案。王淦昌以敏锐的科学判断力，根据当时面临的各种前沿课题，结合联合原子核研究所高能加速器的特点，提出了两个研究方向。一是利用联合所的先进设备寻找新奇的粒子，其中包括各种超子的反粒子，二是系统地研究高能核作用下各种基本粒子产生的规律性。王淦昌亲自负责新粒子的研究工作。

1960 年王淦昌宣布，他领导的研究小组发现了反西格马负超子。这一发现进一步丰富了人们对粒子→反粒子对称性的认识，也是联合所少数几个重要发现之一。

1960 年 12 月 24 日，王淦昌在莫斯科杜布纳联合原子核研究所 4 年任期届满，匆匆返回祖国。当时国家正是 3 年自然灾害时期，王淦昌的家也和人民一样，要勒紧裤腰带，然而他却把在国外节省下来的 14 万卢布全部捐献给国家。

1961 年 4 月 1 日，当时任第二机械工业部副部长的刘杰紧急约见王淦昌，即刻进城"有要事相商"。这时王淦昌已经猜到八九分是什么事了。这的确是一次重要的会面，它决定了王淦昌这位早在 20 世纪 40 年代，美国人编撰的百年科学大事记，就已将其列入之中的国内外久已闻名的核物理学家，从此要隐姓埋名，默默无闻地从事一项伟大的事业，将他的后半生奉献给国防工业，成为研究中国核弹的开拓者。

中国，不能没有原子弹。王淦昌深深地意识到这一点。他也十分明白，自己以身许国在当时意味着什么。所有参加原子弹研制工作的人都必须断绝同国外的一切联系，因为这是国家当时的最高机密。王淦昌已是一位国内外著名的科学家，在某些领域他创造了世界第一，然而他现在所从事的研究将决定，他在若干年中，不能在世界的学术领域抛头露面，不能去交流学术成果，将要失去许多名利双收的好机会。但是他欣然接受了这些条件，改名为"王京"。

为中国的"两弹"，王淦昌心甘情愿隐名17年之久。从1961年到1978年，在世界各种学术交流活动中他失踪了。许多国外的科学家都在猜测，王淦昌究竟在研究什么？从那时起，他的足迹从北京走到青海高原，又伴着大漠的驼踪，走向罗布泊蘑菇烟云腾起的地方。

王淦昌和我们的科技大军用汗水赢来了1964年10月16日中国第一颗原子弹爆炸成功，接着1967年第一颗氢弹爆炸成功。在王淦昌和众多核科技工作者的奋力拼搏下，1969年9月23日，我国成功地进行了首次地下核试验。

1979年王淦昌加入中国共产党，历任第二机械工业部（现中国核工业总公司）九院副院长，二机部副部长兼原子能研究所（现中国原子能科学研

中国第一颗原子弹爆炸场景

究院）所长，中国科学技术协会副主席，中国核学会理事长，九三学社中央参议委员会主任，第三届、四届、五届、六届全国人大常委会委员。

1984年4月18日，联邦德国驻华使馆。柏林大学校长黑克尔曼教授代表柏林大学庄重地授予王淦昌"金博士"的荣誉证书，以纪念他在柏林大学获得博士学位50周年。黑克尔曼校长称王淦昌是研究基本粒子的卓越科学家，是西柏林自由大学的骄傲。这个被德国人趣称为"金博士"的荣誉，是专门为获学位50年后仍站在科学第一线的科学家们设立的。王淦昌是享有这一荣誉的唯一的中国人。

王淦昌非常关心我国科学技术，特别是高科技事业的发展。1986年3月，他与王大珩、杨嘉墀、陈芳允一起提出了对我国高技术发展有重要意义的建议。在邓小平的亲自批示和积极支持下，国务院在听取专家意见的基础上，制定了我国高技术发展的"863计划"，为我国高技术发展开创了新局面。

由于王淦昌对我国科学技术事业和国防建设的卓越贡献，曾荣获两项国家自然科学一等奖、一项国家科学技术进步特等奖等多项重要奖励。

王淦昌于1998年12月10日在北京逝世，享年91岁。

王淦昌是一位数十年如一日，忘我工作、不知疲倦的科学家。他的科研成果在祖国的科学园地里开花结果，创造了举世瞩目的成绩，可他却永不满足。他常常引用牛顿的话：我只是一个在科学大海边上捡贝壳的小孩，"牛顿尚且如此，我充其量是海水中的小水花而已"。

走进科学的殿堂

人造卫星升空

华人风采

赵九章，地球物理学家、中国科学院第一任地球物理所所长、卫星设计院院长、中国科学院学部委员。

赵九章，祖籍浙江省吴兴县，1907年10月15日生于河南开封。父亲是一位中医，由于家境贫寒，14岁时不得不去当学徒。但他不甘心就此度过一生，1922年以第一名的优异成绩，考入河南留学欧美预备学校。19岁时，父母相继去世，生活更加艰难，他只能依靠亲友接济。后来有幸认识了未来的夫人吴岫霞，在她的资助下，他考入了清华大学物理系。在名师叶企孙、吴有训、赵忠尧等教授的指导下，埋头读书，打下了扎实的基础。

赵九章

赵九章1933年毕业于清华大学物理系。1935年赴德国柏林大学攻读动力气象学、高空气象学和动力海洋学，1938年获柏林大学博士学位，同年回国，任西南联合大学教授。1941年兼任中央研究院气象研究所研究员，1944年5月，赵九章出任气象研究所的代理所长。

早在20世纪30年代，中国气象学尚处萌芽阶段时，赵九章便率先将数学和物理引入气象学，开展信风带主流间的热力学研究，开创了我国动力气象学的先河。1939年，西方气象和海洋学家提出了现代天气学、动力气象和海洋学基础性的行星波理论。赵九章通过多年研究提出的行星波斜压不稳定的这一新概念，成为现代天气预报的理论基础之一，引起国际气象学界的高度重视。

新中国成立前夕，中央研究院气象研究所奉命迁往台湾，赵九章冒着危险，顶着压力，通过各种办法将科学家和设备保留下来。中华人民共和国成立后，他倡议和组织起中国科学院地球物理研究所。并出任中国科学院地球物理所所长、卫星设计院院长、中国气象学会理事长和中国地球物理学会理事长。从气象科学，到海洋物理和空间科学，赵九章的目光始终瞄准世界的前沿。

20世纪50年代初，赵九章在中国科学院地球物理研究所成立了海浪组，系统地开展我国海浪及波谱的研究工作，并独立自主地研制观测设备和系列分析仪器，为把握我国海域的波浪特征，开发海洋，保卫祖国作出了贡献。

赵九章最先作了中国的气团分析，研究了信风带的热力学问题。首先探讨了西风带大气长波的斜压不稳定，并分析了准定常活动中心和海陆分布的关系。又从大量的资料探求西风环流指数和大型涡旋活动的联系，还研究了有关带电粒子和外层空间磁场的物理机制，开展了关于地球辐射带和太阳能的研究。他十分注意观测工作在地球科学中的重要地位，不断引用新技术，先后在中国创设了气球探空、臭氧观测、海浪观测、云雾物理观测以及探空火箭和人造地球卫星的高空探测等，为中国的地球物理学的观测工作奠定了基础。1957、1958年，苏、美两国相

走进科学的殿堂

继成功地发射了人造卫星。人类第一次飞出大气层,从浩瀚的太空来观察和探测我们所居住的这个奇妙的星球,这把赵九章迷住了。他敏锐地

华人风采

人造卫星

意识到一个新兴学科——空间物理研究，他的心也飞向了那个神秘诱人的太空。

赵九章是我国人造卫星事业的倡导者和奠基人之一。从1957年起，他积极倡议发展中国自己的人造卫星。1958年8月，中国科学院成立人造地球卫星研制组，他是主要负责人。同年10月，提出"中国发展人造卫星要走自力更生的道路，要由小到大，由低级到高级"的重要建议。在他领导下，开创了利用气象火箭和控空火箭进行高空探测的研究，探索了卫星发展方向，筹建了环境模拟实验室和开展遥测、跟踪技术研究，组建了空间科学技术队伍。1964年，根据国内运载工具的发展，他提出了开展人造地球卫星研制工作的建议。他对中国卫星系列发展规划和具体探测方案的制定，对中国第一颗人造地球卫星、返回式卫星等总体方案的确定和关键技术的研制，起了重要作用。在他的领导下还完成了核爆炸试验的地震观测和冲击波传播规律以及有关弹头再入大气层时的物理现象等研究课题。1985年获国家科技进步奖特等奖。

1958年，中国科技大学组建之初，中科院一大批著名科学家亲自到校讲课并兼任校、系各级领导职务。赵九章担任应用地球物理系主任和高空大气物理教研室主任。1962年，青年王水从南京大学来到了科大应用地球物理系任赵九章先生的助教。赵九章对年轻教员的要求十分严格，那

1959年4月16日，赵九章（左一）应邀参加毛泽东主席召集的第16次最高国务会议

时他正组织地球物理研究所的一批科学家在中国科技大学讲授高空大气物理学课程，并亲自担任大气振荡和高空大气中潮汐现象的主讲，由于

国内空间物理学科刚刚起步,还没有一本适合高校有关专业师生进行工作和学习的参考书,赵九章在教学讲义的基础上,组织编写了《高空大气物理学》专著,要王水协助他参加高空大气结构部分的工作。为了完成这项任务,王水花费很多时间在中国科学院图书馆查询、苦读,不仅锻炼了基本功,而且拓宽了知识面。有一次王水在一篇德文面前一筹莫展,只好回去向赵九章诉苦。赵九章严肃地对他说:"你能看懂俄文,又能看懂英文,应当可以阅读德文文献。回去翻译出来给我。"王水回去后对照字典翻译出了中文稿,有些地方词不达意,赵九章都作了修改并鼓励王水多学几门外语。王水正是在赵九章这样的耳提面命之下成长起来的,后来王水在空间科学方面取得了优异的成绩并当选为中科院院士,这也是与赵九章先生早年对他的指导和培养分不开的。

1962年,应中国科学院地球物理所所长赵九章先生的邀请,国际著名的等离子体与天体物理学家、诺贝尔奖获得者,瑞典的阿尔文教授访问了北京,并在地球物理所进行讲学和座谈。在阿尔文教授未到北京之前,赵九章先生已经收到了他的讲学稿与一本他的新著——《宇宙电力学》。在专著的第一页阿尔文教授亲笔写了"赵九章"三个汉字。在准备迎接阿尔文教授到来期间,我国乒乓球健儿刚刚荣获世界冠军,赵九章在准备会上兴奋地说:"我们也要培养几个种子选手到国际舞台上进行比武,科学工作要和打乒乓球一样为祖国争光。"在讲学过程中,赵九章亲自给阿尔文教授当翻译,他的临场发挥使报告达到了更好的效果。当客人向听众提问有几位能不用翻译听懂他的报告时,只有极少数人举手,面对这种比较尴尬的场面,赵九章机智地指着前排的几位老科学家说:"中国人比较谦虚,坐在前排的几位老科学家都不举手。"接着赵九章带着阿尔文教授参观了等离子体模拟实验室并开了个小型座谈会。大家畅所欲言地提出问题并进行解答，气氛很活跃。阿尔文高兴地说："我很高兴能和中国年轻科学工作者一起讨论问题。"

赵九章先生兼任中国科技大学应用地球物理系主任以后，一直关注着科大的发展。1962年10月，赵九章给中国科学院副院长张劲夫、副秘书长郁文写信，提出中国科技大学应该开办研究生院，为中科院培养研究生。信中写道："我院办有科技大学，将来亦必逐渐加重研究生的培养，在我院开办研究生院之前，是否可以考虑我院及科大的具体情况，逐渐采取一些措施，为我院开办研究生院作好准备。"他还在信中就研究生入学试题、研究生课程讲授、研究生毕业考试及论文答辩等方面提出了具体建议。1964年5月，中国科技大学召开第20次党委常委会议，决定开展研究生院筹备工作。这为1978年科大创办中国第一个研究生院奠定了基础。

1964年，北京国际科学讨论会期间，赵九章（右三）与叶笃正（右二）

1963年，赵九章拜访他在德国留学时的老师

1968年10月26日，赵九章于北京逝世。

走进科学的殿堂

华人风采

融贯中西的美学大师宗白华

宗白华（1897—1986年），哲学家、美学家、诗人，我国现代美学的先行者和开拓者，被誉为"融贯中西艺术理论的一代美学大师"。

宗白华，江苏常熟虞山镇人，原名之櫆，字伯华。幼年在南京第一模范高等小学读书，17岁到青岛德国高等学校中学部修读，1916年入同济大学医科预科学习。1917年，发表《萧彭浩哲学大意》一文于上海泰东图书局《丙辰》杂志第4期。1919年被五四时期很有影响的文化团体少年中国学会选为评议员，并成为《少年中国》月刊的主

宗白华先生

要撰稿人，积极投身于新文化运动。同年8月受聘上海《时事新报》副刊《学灯》，任编辑、主编。将哲学、美学和新文艺的新鲜血液注入《学灯》，使之成为五四时期著名四大副刊之一。

1920年宗白华途经巴黎赴德国留学，在法兰克福大学哲学系学习。1921年，转入柏林大学，学习美学和历史哲学。1925年回国，聘到南京东南大学哲学院任教。当年即开始讲授康德哲学及西方美学，当时有"南宗北邓（邓以蛰）之称。1928年，任中央大学（原东南大学）哲学系教授。抗战期间随校迁至重庆，抗战胜利后返回南京继续任教。

东南大学中大院

1952，宗白华调至北京大学哲学系任美学史教授。宗白华把中国艺术精神的重要特色归结为"充实"与"空灵"，"有限"与"无限"的统一。他对中国魏晋玄学中的美学思想给予了特殊的注意，还着重研究了中国艺术中的意境和空间意识问题。宗白华还任中华美学学会顾问和中国哲学学会理事。

走进科学的殿堂

宗白华主要著作有：《流云小诗》、《美学与意境》、《美学散步》、《歌德研究》、《论中西书法之渊源与基础》等；译著有：《判断力批判》（康德原著）、《欧洲现代画派画论选》、《海涅生活与艺术》等；主要论文有：《中国艺术意境之诞生》、《中国诗画中所表现的空间意识》。另有《宗白华全集》、《宗白华美学文学译文选》等编辑出版。

宗自华于1986年12月20日在北京逝世，享年90岁。

华人风采